Trapped – In der Falle

von Herbert Friedmann und Tina Zang

Langenscheidt

Berlin · München · Wien · Zürich · New York

Lektorat: Barbara Müller
Muttersprachliche Durchsicht: Charlotte Collins
Zeichnungen: Anette Kannenberg
Umschlaggestaltung: init.büro für gestaltung, Bielefeld

www.langenscheidt.de

Umwelthinweis: gedruckt auf chlorfrei gebleichtem Papier

Satz: Franzis print & media GmbH, München
Druck: Mercedes-Druck, Berlin
Bindung: Stein+Lehmann GmbH, Berlin
Printed in Germany

ISBN 978-3-468-20803-4

10010

Inhalt

Verirrt in Oxford 5
Klein, aber gefährlich 14
Lieferservice 24
Wo ein Fußballer ist, ist auch ein Weg 31
Der erste Verdacht 38
Schlaf gut, Mäuschen 48
Mauswürfel 53
Vom Regen in die Traufe 64
Hausverbot 71
Alles weg! 78
Überraschende Wendung 86
Jetzt wird's rattig 97
Gefangene der Angst 107
Ein huschender Schatten 114
Warum? 121
Master Cedrick 125

Verirrt in Oxford

Als ich aufwachte, hatte ich nicht den blassesten Schimmer, wo ich war. Das ist für mich eigentlich nicht so ungewöhnlich, denn ich habe einen völlig unterentwickelten Orientierungssinn und verirre mich ständig. Doch diesmal war es anders: Schlimm genug, dass ich mich in großen Gebäuden nicht zurechtfand oder mich auf Spaziergängen verlief, aber in meinem eigenen Bett sollte ich mich doch wohl auskennen. Das ging entschieden zu weit!
Ich lugte verstört unter der seltsam dünnen Bettdecke hervor. Die Morgensonne schien durch ein fleckiges Fenster, das weder Rollläden noch Gardinen hatte. An der Wand, wo eigentlich ein Kleiderschrank stehen sollte, stapelten sich Kartons vor einer vergilbten Tapete. Von meinen FC-Hansa-Rostock-Postern war weit und breit keine Spur.
Kein Zweifel, ich war von Aliens entführt worden, und zwar von reichlich schlampigen Aliens, die die Sichtluken ihres Raumschiffs nicht putzten und ihre Gefangenen auf knubbeligen Matratzen schlafen ließen. Wie fies!
Ich zwinkerte mehrmals und rieb mir die Augen, um klarer zu sehen, aber der Raum blieb so, wie er war. Dann wachte mein Verstand, der meinem Körper immer etwas hinterherhinkt, langsam auf und murmelte verschlafen: "Du bist in England, Rick."

Da dämmerte es mir langsam. Die Kartons waren Umzugskisten. Und das Zimmer mit dem verschmierten Fenster und der faden Tapete würde für das nächste Jahr meine Heimat sein. Mein Vater hatte eine Gastprofessur an der Universität von Oxford erhalten, deshalb waren wir nach Cowley gezogen, einem nicht besonders hippen Vorort von Oxford.
"Vorort von Oxford, Vorort von Oxford", probierte ich schlaftrunken. Nein, das taugte nicht als Zungenbrecher. Meine Zunge verläuft sich im Gegensatz zu meinen Beinen nämlich nie und kann die kompliziertesten Texte rasend schnell abspulen. "Fischers Fritz fischt frische Fische" ist für mich die leichteste Übung. Leider ist das zu gar nichts gut, außer man ist Rapper. Aber ich wollte ja Fußballer werden, und zwar der beste Torwart aller Zeiten.
Es war wirklich schade, dass mein Vater Geschichtsprofessor war, und nicht Trainer einer Nationalmannschaft. Dann müsste ich nicht mit einem knubblig-schmierig-vergilbten Zimmer vorliebnehmen, sondern hätte jeden nur erdenklichen Luxus und obendrein einen Butler. Den könnte ich jetzt rufen. "James, please bring me a hot chocolate." Butler heißen nämlich immer James.
Der Butler in seiner gestärkten Uniform würde sich tief verbeugen. "**As you wish**, Master Cedrick."

As you wish. Wie Sie möchten.

James würde in der geräumigen Küche des hochherrschaftlichen Hauses eine köstliche, dampfend heiße Schokolade zubereiten.
Ich setzte mich im Bett auf und stellte mir vor, wie Butler James anklopfte und mit einem silbernen Tablett hereinkam. "Your hot chocolate, Master Cedrick. Is there **anything else** I can do for you?"
"Yes, please **unpack these** boxes for me." Aber daraus würde nichts werden, denn wir hatten nun mal keinen Butler, und das Haus war alles andere als hochherrschaftlich. Es war ein reichlich verwohntes Reihenhaus mit einem winzigen Vorgarten.
Am liebsten hätte ich mich wieder unter der Decke verkrochen, aber mein Magen knurrte. Als ich aus dem Bett sprang, hörte ich ein lautes Klirren. Einen Augenblick glaubte ich ernsthaft, ich hätte das silberne Tablett mit der heißen Schokolade umgeschmissen. Doch das hatte ich mir ja nur ausgedacht.
Das Klirren war aus der Küche gekommen. Das konnte nur mein Vater, der Prof, gewesen sein. Meine Mutter Sabrina macht so gut wie nie etwas kaputt. Sie ist Tierpsychologin und behandelt das Geschirr so behutsam wie ihre vierbeinigen Patienten.
Barfuß tapste ich in die Küche hinunter, wo der Prof gerade die Scherben einer Teetasse zusammenfegte.

---

anything else sonst noch etwas
unpack packen Sie … aus
these diese

"Kalte Finger", murmelte er als Entschuldigung.
"Das war doch hoffentlich nicht meine Hansa-Tasse?", fragte ich entsetzt.
"Ne, die Kiste mit deinem ganzen Fankram darfst du nachher selber auspacken."
Sabrina kam in einen dicken Frotteemantel gehüllt in die Küche. "Brrrr. Dieses Haus ist ganz schön zugig und ungemütlich, sogar im Sommer. Wie soll das erst im Winter werden? Ich koche uns erst mal eine heiße Schokolade."
"Wer so eine Mutter hat, braucht keinen Butler", murmelte ich.
"Manchmal redet Rick genauso wirres Zeug wie du", meinte Sabrina zum Prof.

Nach dem Frühstück verkündete ich, dass ich die Lage sondieren ginge. Immer noch besser als Umzugskartons auszuräumen. Sabrina sagte, ich sollte mich nach einer Zoohandlung umsehen, in der sie ihre Handzettel auslegen konnte.
Es war ein seltsames Gefühl, sich in einer völlig fremden Gegend zu bewegen und dabei doch nicht im Urlaub zu sein. Für Sabrina war es kein Problem, ihren Beruf zur Abwechslung mal woanders auszuüben. "Neurotische Hunde und überzüchtete Katzen gibt es überall", hatte sie gesagt. "Und den Tieren ist es bestimmt egal, in welcher Sprache ich sie therapiere."
Schulen gab es natürlich auch überall, aber ich hatte

jetzt schon Sehnsucht nach meinen Freunden Jens und Uwe, nach dem Fußballverein und dem Nachbarshund, mit dem ich im Garten herumtoben konnte.
Außerdem war hier alles so anders. In der Schule, die in zwei Wochen losging, würde ich eine bescheuerte Schuluniform tragen müssen. Wenn ich eine Straße überquerte, musste ich zuerst nach rechts schauen statt nach links, weil die Autos auf der anderen Straßenseite fuhren. Wenn ich mich verlief, musste ich auf Englisch nach dem Weg fragen. "Excuse me, I've lost my way. Could you please tell me **how to get to** Gaisford Road." Den Satz hatte Sabrina mir so eingeschärft, dass ich ihn besser beherrschte als die aktuellen Spielstände der ersten Bundesliga.
Zu allem Überfluss hatte sie mir auch noch einen Anhänger mit Name und Adresse basteln wollen, wie ich ihn früher tragen musste, weil ich mich auf dem Heimweg von der Grundschule oft verirrte. Aber da hatte ich protestiert, obwohl die Idee vielleicht gar nicht so dumm gewesen war. Ich kam mir tatsächlich wieder vor wie ein kleiner Junge, als ich durch diese ungewohnte Umgebung lief.
Es war wenig los. Kinder sah ich überhaupt keine, nur ein paar Jugendliche, die an einer Straßenecke die Köpfe zusammensteckten. Schließlich wurde die Gegend etwas belebter und kurz darauf stand ich vor

---

how to get to wie ich zur … kommen kann

einem Einkaufszentrum. "Templars **Square** Shopping Centre". Ein riesiger Klotz. Wenn ich da erst mal drin war, fand ich wahrscheinlich vor Weihnachten nicht mehr raus.

"German boy **gets lost** in Templars Square", würde in der Zeitung stehen. "Please help his parents find him. Cedrick is twelve years old. He has blond hair and blue eyes. His mother, animal **psychologist** Sabrina W., **told police** that he was wearing jeans and a blue T-shirt when he **left** the house."

Man würde Spürhunde losschicken, die nach einer langen, vergeblichen Suche völlig frustriert waren und eine Therapiesitzung bei Sabrina brauchten.

Ich merkte, dass ich mich, wie so oft, in einem Tagtraum verlor. Kein Wunder, dass ich nie genau wusste, wo ich war. Und schon war es passiert. Ich stand plötzlich irgendwo im Shoppingcenter und hatte keine Ahnung, wie ich da reingekommen war, geschweige denn, wie ich wieder rausfinden sollte.

Ich entdeckte eine Schautafel mit einem Lageplan und studierte sie stirnrunzelnd. Ja, da war ein Pfeil drauf, der den Standort anzeigte. Ich fand auch den Ausgang auf dem Plan. Aber den Weg vom Standort

---

Square Platz
gets lost verirrt sich
psychologist Psychologe
told police hat der Polizei erzählt
left hat verlassen

i
TEMPLARS
SQUARE
Shopping
Domino's Pizza
Security
ICELAND Supermarket
Jenkinson's Corner Shop
YOU ARE HERE

zum Ausgang konnte ich mir nicht einprägen. Es war genau wie mit Stadtplänen. Rechts, links, oben, unten, Norden, Süden – ich brachte immer alles durcheinander.
Immerhin gab es hier mehr zu sehen als auf der Straße. Außerdem roch es gut. Ich folgte einfach meiner Nase und landete vor einem Pizzalieferservice. *Domino's Pizza*. Gleich daneben lag ein Kebab-Restaurant.
Ich überlegte gerade, ob ich lieber Döner oder Pizza essen wollte, da wurde die Tür von *Domino's Pizza* aufgerissen und ein Mädchen rannte kreischend heraus. Ich konnte gerade noch ausweichen. Aus dem Augenwinkel sah ich etwas Winziges über den Boden huschen. Ich bin im Umgang mit Tieren so flink und sicher wie meine Mutter. Blitzschnell bückte ich mich und schnappte die Maus.
"**Wow, you're quick**", sagte das Mädchen.
Ich beruhigte die Maus, die es sich schließlich in einer Kuhle zwischen meinen Handflächen gemütlich machte. Sie war weiß mit einem grauen Strich auf dem Rücken. Eine gezüchtete Maus, wie man sie im Zoohandel bekam. Aber in einer Pizzeria hatte so ein Tier eigentlich nichts verloren. Oder war das in England auch anders?
"Hi, I'm Rick", sagte ich zu dem Mädchen. "Are you scared of mice?"

Wow, you're quick. Mann, bist du schnell.

"I'm Jessica." Sie hielt sicheren Abstand. "Yes, very scared. I know it's **silly**, but **I can't help it**."
"It's okay", meinte ich. Sabrina hatte mir schließlich lange genug eingetrichtert, dass man sich über die Ängste anderer Menschen nicht lustig machte, egal wie albern sie einem erschienen. Dass man sich vor so einem niedlichen, weichen Tier fürchten konnte, war für mich kaum vorstellbar. Ich streichelte die Maus und passte auf, dass sie mir nicht entwischte.
Jessica entspannte sich ein wenig und strich sich eine Strähne ihrer langen braunen Haare aus dem Gesicht. Wenn sie nicht kreischte, sah sie ganz nett aus.
"The mouse **must have escaped** from a pet shop and got lost", sagte ich. Ich konnte bestens nachempfinden, dass eine kleine Maus sich in diesem riesigen Gebäude verlaufen musste.
"There isn't a pet shop in the Centre", sagte Jessica. "We have to **take** it to Perry."
Ich brauchte einen Moment bis ich kapierte, dass sie mit "it" die Maus meinte. "Who's Perry?"
"The Head of Security."
Aha, Sicherheitsdienst, dachte ich und schloss daraus, dass die Maus hier drin tatsächlich nichts verloren hatte.

---

silly blöd
I can't help it. Ich kann nichts daran ändern.
must have escaped muss entflohen sein
take *hier:* bringen

Klein, aber gefährlich

Als wir bei der Security ankamen, schlief die Maus tief und fest. Jessica traute sich etwas näher an mich heran. "Mice look **cute when they're asleep**", sagte sie und riskierte einen Blick auf die Maus in meiner Hand. "But **I can't stand the way they dart around**."

Die Security war so eine Art offener Laden, ähnlich wie ein Bankschalter, mit einer langen, hellen Holztheke, hinter der ein Mann und eine Frau in schwarzen Uniformen saßen. Die Frau beobachtete die Monitore der Videoüberwachungsanlage. Sie hatte rote, üppige Locken, die nur mühsam von einem Haargummi im Nacken zusammengehalten wurden. Mit knallrot lackierten Fingernägeln schaltete sie zwischen den Kameras hin und her, zoomte ein Bild näher heran und ließ eine andere Kamera im Kreis schwenken.

Der Mann, der einen silbernen Stecker im linken Ohrläppchen trug, händigte gerade einer alten Dame eine Fundsache aus und ließ sich den Empfang quittieren.

---

cute niedlich
when they're asleep wenn sie schlafen
I can't stand ich halte … nicht aus
the way they dart around wie sie herumhuschen

Während wir warteten, reckte ich etwas den Hals und konnte im Hintergrund drei Türen erkennen. Auf einer stand “**Ladies’ Restroom**”, auf der zweiten “**Gents’ Restroom**” und auf der letzten “Head of Security”. Diese Tür öffnete sich und eine Frau mit modisch kurz geschnittenen, blonden Haaren und schwarz gerahmter Brille erschien. Sie trug keine Uniform, sondern ein elegantes Kostüm. Vielleicht die Sekretärin, dachte ich.

“I’m Jake Overton. What can I do for you?”, fragte mich der Mann mit dem Ohrstecker freundlich.

Plötzlich schlug mir jemand von hinten auf die Schulter. Ich konnte gerade noch die Handflächen zusammenklappen, damit die Maus, die von dem Ruck aufgewacht war, nicht erschrocken davonhuschte.

“**Got you**”, dröhnte eine Furcht einflößende Stimme, dann trat eine wuchtige Erscheinung in mein Blickfeld. Der Kerl trug ebenfalls eine schwarze Uniform und war nicht nur groß, sondern auch breit. Er sah aus wie jemand, der immer muskulös gewesen war, jetzt aber darüber hinaus auch noch Fett ansetzte. Schweißperlen standen ihm auf der Stirn.

Ich hätte mir am liebsten von der Maus zeigen lassen,

Ladies’ Restroom Damentoilette
Gents’ Restroom Herrentoilette
Got you! Erwischt!

SECURITY

wo ihr Mauseloch war, um mich mit ihr gemeinsam darin zu verkriechen.

Die rothaarige Frau sah vom Monitor auf. "**What's going on?**"

"I caught the boy who's **releasing** mice **all over** the Centre", sagte der Wuchtige.

"I … I … I didn't …", stammelte ich.

"He didn't release the mouse, he caught it", kam Jessica mir zu Hilfe. "Did you say there are mice everywhere?" Panik schwang in ihrer Stimme mit.

Die blonde Frau im Kostüm war näher getreten. Sie funkelte den Wuchtigen böse an. "**Just ten minutes ago I instructed** the team to keep this matter absolutely **secret**. **Obviously** you didn't listen again, Daniel."

Ich war verblüfft. Sie musste Perry sein, Head of Security. Ich hatte erwartet, dass Perry ein Mann war. Anscheinend ist "Perry" einer dieser Namen, den sowohl Männer als auch Frauen haben können.

Es war offensichtlich, dass der wuchtige Daniel es gar nicht mochte, von einer Frau herumkommandiert zu

---

What's going on? Was geht hier vor?
(is) releasing freilässt
all over überall in
just ten minutes ago vor nur zehn Minuten
I instructed ich habe Anweisungen gegeben
secret geheim
obviously anscheinend, offenbar

werden, die dazu auch noch erheblich jünger war als er. Sein fleischiges Gesicht wurde rot und er schwitzte noch heftiger. Geschah ihm ganz recht!

Die Frau beachtete ihn nicht weiter. "**You had better come into my office**", sagte sie zu Jessica und mir.

"**Watch out**, there are **plenty of** mice in there", raunte Daniel Jessica ins Ohr und lachte, als sie ängstlich den Kopf einzog.

"I have to take down the boy's **particulars** first", sagte Jake Overton, der Typ mit dem Ohrstecker. Ich betete meinen Namen und meine neue Adresse herunter. Jessica war hier bekannt und wurde ohne Formalitäten ins Büro gelassen.

Perry deutete auf zwei Stühle, die vor ihrem Schreibtisch standen. "Sit down, kids." Ich setzte mich, aber Jessica blieb stehen, denn auf dem Schreibtisch stand ein kleiner Käfig, in dem drei weiß-graue Mäuse herumwuselten. Perry öffnete die Klappe, woraufhin ich meine Maus zu den anderen setzte.

"Daniel", rief Perry durch die Tür. "Please take these mice to *Pet Supplies*." Sie warf ein Tuch über den Käfig.

You had better come into my office. Ihr solltet besser in mein Büro kommen.
Watch out. Pass auf.
plenty of viele
particulars Personalien

Pet Supplies klang wie der Name einer Zoohandlung. Davon würde ich Sabrina erzählen, denn sie hatte Handzettel entworfen, die sie an geeigneten Stellen auslegen wollte, um Kunden für ihre Praxis anzuwerben.

Daniel kam rein, nahm den Käfig in Empfang und trug ihn, wie mir schien absichtlich, ganz dicht an Jessica vorbei, die sich sofort an die Wand drückte. Als sich die Tür hinter ihm schloss, setzte sie sich aufatmend. "Where are all the **other** mice?"

Perry faltete die Hände vor sich auf dem Schreibtisch. "We couldn't catch them all. The team **is setting out live traps** at the moment." Sie atmete tief durch. "**One thing at a time.**" Sie sah mich an. "I'm Perry Fenton, Head of Security. The big **guy** is one of my officers, Daniel Winslow. **I'm sorry** he scared you. Thanks for catching the mouse, Cedrick."

"Please **call me** Rick. I'm from Germany. My family **just moved** here."

Die Frau lächelte. Sie hatte blitzende, gerade Zähne.

---

other anderen
is setting out stellt gerade auf
live traps Lebendfallen
One thing at a time. Eins nach dem anderen.
guy Typ
I'm sorry Es tut mir leid, (dass)
call me nennen Sie mich
just moved ist gerade umgezogen

"**Welcome** to Oxford. You've **already met** Jessica Brown. Her parents **run** *Domino's Pizza*."

Ich rutschte etwas verlegen auf dem Stuhl hin und her. Der Prof hatte mir gesagt, dass die Engländer sehr viel Wert auf Umgangsformen legten. Wenn die Mäuse noch da gewesen wären, hätte sie sie mir bestimmt auch vorgestellt.

"**Now for the facts**", sagte Perry. "**Around** eight in the morning, two mice were seen in ***Baker's Oven***. After that, three more **reports** came in about **people spotting mice**. I wanted to inform the **City Council** and ask them to **send someone** from Pest Control."

"Pest Control?", wunderte ich mich. Wegen ein paar harmlosen kleinen Mäusen brauchte man doch nicht gleich einen Kammerjäger zu schicken!

"Mice **cause a lot of damage**. They **destroy**

Welcome Willkommen
already schon
(have) met hast … kennengelernt
run betreiben
Now for the facts. Kommen wir jetzt zu den Tatsachen.
around gegen
Baker's Oven *Bäckers Ofen* (Name der Bäckerei)
reports Berichte
people spotting mice Leute, die Mäuse gesehen haben
City Council Stadtrat
send someone jemanden schicken
cause a lot of damage verursachen große Schäden
destroy zerstören

more food than they eat because they **nibble** at everything", erklärte Jessica.
"And they **pee** everywhere. It's a hygiene problem, **especially** in our **food shops**", führte Perry weiter aus. "They destroy **electrical wiring** and cause **short circuits**."
"And **they spread diseases** and parasites", setzte Jessica noch eins drauf.
Ich konnte es kaum fassen, dass diese Winzlinge so gefährlich waren. "So why didn't you call the City Council?"
"The problem is that Pest Control would probably have to close the Centre for **several** days. This would mean a **huge financial loss**. Management is strictly **against it**. They want my team to handle the problem with **discretion**."
Na, wenn das mal gut ging. Von Sabrina wusste ich,

---

nibble knabbern
pee pinkeln
especially besonders
food shops Lebensmittelläden
electrical wiring Stromleitungen
short circuits Kurzschlüsse
they spread diseases sie verbreiten Krankheiten
several mehrere
huge riesig
financial loss finanzieller Verlust
against it dagegen
discretion Diskretion

dass Mäuse sich rasend schnell vermehrten. Eine Maus warf mehrmals im Jahr viele Junge, die dann selbst wieder innerhalb von wenigen Wochen trächtig wurden. So konnten aus einem Mäusepärchen ruckzuck Tausende von Mäusen werden. Das behielt ich aber lieber für mich, um Jessica nicht noch mehr zu beunruhigen. Wichtiger war mir sowieso die Frage, warum der wuchtige, schwitzende Daniel mich so grob angefasst hatte. "Why did Daniel **accuse** me of releasing mice in the Centre?", fragte ich Perry.

"The mice **turned up** at **different** shops", erklärte sie. "If they had a nest **somewhere**, they'd all turn up near the nest. So someone must be bringing the mice here and releasing them in different **places**."

"Why would someone do that?", fragte Jessica. "To scare people?"

"That's the big question. Maybe the two of you could help me." Perry erklärte mir: "Jessica is an amateur detective. She's very **clever**. And you're **good at handling** animals. You and Jessica would be a perfect team. What do you think?"

---

accuse beschuldigen
turned up sind aufgetaucht
different unterschiedlich
somewhere irgendwo
places Stellen
clever schlau
good at handling gut im Umgang mit

Jessica nickte begeistert. "**Yeah!**"
"Yeah", sagte auch ich, denn mir gefiel die Vorstellung, Jens und Uwe eine E-Mail zu schicken, in der ich ihnen erzählte, dass ich inzwischen als Privatdetektiv in einer supergeheimen Mission in Oxfords größtem Einkaufszentrum ermittelte. Dass es nur um Mäuse ging und dass meine Partnerin eine Kreischsuse war, würde ich ihnen natürlich verschweigen.
"Thank you, kids. And remember: this **investigation** is top secret. **Not a word to anyone**. If you see a mouse, catch it or call someone from security without making any **fuss**."
Jessica und ich gelobten feierlich, nicht solche Plappermäuler zu sein wie dieser wuchtige Blödmann Daniel Winslow.

Yeah! Ja!
investigation Ermittlung
Not a word to anyone. Zu keinem ein Wort!
fuss Aufhebens

Lieferservice

Als wir wieder auf dem Gang standen, sah Jessica auf ihre Armbanduhr. "**I promised** my dad that I would help him in the kitchen today. **Can we meet** again in the afternoon to talk about the mice? Then I'll **show** you my secret **hiding place**."
Ich zögerte. Jetzt kam der Augenblick der Wahrheit. Ich musste gestehen, dass ich keinen Schimmer hatte, wie ich wieder heimfand. Schließlich gab ich mir einen Ruck. "**I'd love to come back later**, but I don't know the **way home**. **To tell the truth**, I don't even know the way out of this big building."

Ich war sicher, dass Jessica sich über mich lustig machen würde, aber sie sagte nur freundlich: "I'll show you the way out and give you **directions** if you tell me your address."
"Gaisford Road. But directions won't help. I can't keep them in my head. I always get lost."
Jessica zog kurz die Nase kraus, als würde sie ange-

I promised ich habe versprochen
can we meet können wir uns treffen
show zeigen
hiding place Versteck
I'd love to come back later ich würde sehr gerne später zurückkommen
way home Heimweg
to tell the truth um ehrlich zu sein
directions Anweisungen *hier:* Wegbeschreibung

strengt nachdenken, dann leuchteten ihre Augen. “I’ve got a brilliant idea. **Come along**.”
Ich folgte Jessica zur Pizzeria, in der es fast unerträglich heiß war. Aromatische Düfte waberten aus vielen Backöfen.
“This is Rick”, sagte Jessica zu einem Mann, der Pizzateig in der Luft herumwirbelte. “Rick, please meet my dad.”
Ging diese peinliche Vorstellerei schon wieder los? “Hi”, sagte ich knapp.
“Hi”, grüßte der Pizzamann zurück und wirbelte den Teig noch schneller. Dabei fragte er seine Tochter: “Was that a mouse **you ran away from**?”
“Yes, but Rick caught the mouse. Can we give him a **free** pizza **for saving me**?”
“**Sure**.”
“Could Giuseppe **deliver** the pizza **right** to Rick’s home when he’s on his **round**?”
“No problem.”
“Could he **take** Rick **along**?”

Come along. Komm mit.
you ran away from vor der du weggerannt bist
for saving me dafür, dass er mich gerettet hat
free kostenlos
Sure. Sicher, klar.
deliver liefern
right *hier:* direkt
round Runde
take along mitnehmen

"**Certainly**."

So saß ich zehn Minuten später neben einem gut gelaunt singenden Italiener in einem Pizzataxi und wurde samt einer Salamipizza direkt vor unserer Haustür abgesetzt. Jessica hatte mir versprochen, mich in zwei Stunden abzuholen und mir einen Trick zu zeigen, wie ich jederzeit den Weg hin- und zurückfinden konnte. Darauf war ich schon sehr gespannt, ebenso wie auf Jessicas Geheimversteck.

"We haven't **ordered** a pizza", sagte Sabrina, als sie die Tür öffnete. Dann erkannte sie mich. "Ach, du bist's."

Stolz trug ich meine Beute in die Küche. Da der Prof eine Diät machte und Sabrina nur Sachen aß, denen man die Vitamine schon auf hundert Meter Entfernung ansah, gehörte mir das Festessen ganz allein. Dachte ich. Kaum hatte ich meine Zähne in eine dampfende, duftende Ecke geschlagen, da schob Sabrina mich auch schon quer durch den Flur. "Wir haben Besuch."

Auf dem Sofa, dem im Moment einzig brauchbaren Möbelstück im Wohnzimmer, saßen eine Frau mit roten Wangen und ein Mann mit roter Nase. Irgendwie hatten sie es geschafft, ihre Gene ohne Verluste an ihren Sohn weiterzugeben. Der etwa zehn-

---

certainly sicher
ordered bestellt

jährige Junge, der gerade dabei war, eine unserer Bücherkisten auszuräumen, hatte eine rote Nase und rote Backen. Dazu wirr abstehende Haare und unglaublich viele Sommersprossen.
"This is our son Rick", sagte Sabrina. "Rick, meet our neighbours, Mrs and Mr Olivander, and their son Nathan."
"Nice to meet you", sagte Mrs Olivander.
"What are you eating, if I may ask?", fragte Mr Olivander.
"It's a pizza", rief Nathan und ließ sofort alle Bücher sausen. "What a **treat** to eat!"
Aus unerfindlichen Gründen fingen die Olivanders darauf heftig zu lachen an. "It's his rhyming day", sagte die Mutter mit unverhohlenem Stolz. "He's **only** speaking in **rhymes** today. He's such a talented boy, **isn't he?**"
Der talentierte Junge war anscheinend auch ein "hungry boy", denn er wetzte an mir vorbei in die Küche, schnappte sich ohne zu fragen eine Pizzaecke, verdrückte sie in Nullkommanix, schüttelte sich, als hätte sie eklig geschmeckt, und meinte: "**Too much** cheese for a Chinese."

---

treat Genuss
only nur
rhymes Reime
isn't he? *hier:* nicht wahr?
too much zu viel

PSYCHOLOGIE MORGEN:
Das Über-Ich des Goldfisches
DER AZTEKE
BÜCHER

Dass Nathans Reime herzlich wenig Sinn machten, schien die Olivanders nicht zu stören. Sie klatschten begeistert.

"Where have you been?", fragte mich Sabrina.

"At Templars Square Shopping Centre."

"Tony Blair went to the Square", deklamierte Nathan.

Sabrina und der Prof lachten pflichtschuldig mit den Olivanders mit.

Ich seufzte. Nathan konnte ich als Freund abhaken. Der spielte bestimmt kein Fußball. "Nathan doesn't know how to kick", murmelte ich, "Dafür hat er 'nen riesigen Tick." Ich nahm den Pizzakarton und verschwand damit auf meinem Zimmer.

"Das war aber sehr unhöflich von dir", sagte Sabrina, als ich die leere Schachtel später wieder runterbrachte und mich vorsichtig umsah. Die Luft war rein.

"Sollen die Olivanders doch wiederkommen, wenn ihr Sohn gerade nicht seinen "rhyming day" hat. Der nervt ja ohne Ende."

Der Prof erklärte geduldig: "Die Engländer legen nicht nur sehr großen Wert auf Umgangsformen, sie sind auch ausgesprochen stolz darauf, exzentrisch zu sein."

"Was heißt exzentrisch?"

"Na ja, ein bisschen sonderlich."

"Das reicht von leicht gaga bis total durchgeknallt",

sagte Sabrina. "Damit musst du lernen klarzukommen. Sonst wirst du hier nie Freunde finden."
Ich suchte den Kühlschrank nach etwas Trinkbarem ab und fand eine halbvolle Flasche Orangensaft. Ich leerte sie gluckernd, wischte mir den Mund ab und erklärte zufrieden: "Ich hab schon einen Freund gefunden. Und heute Nachmittag haben wir zusammen etwas vor. Ihr habt also sturmfreie Bude und könnt so viel exzentrische Nachbarn einladen, wie ihr wollt."

Wo ein Fußballer ist, ist auch ein Weg

"Also, bringen wir's hinter uns", seufzte ich. Sabrina hatte gerade Jessica hereingelassen, und nun war natürlich wieder eine Vorstellung fällig.

"Jessica, this is my mother, Sabrina Wuddel. Sabrina, please meet Jessica from *Domino's Pizza*." Das war mir erstaunlich glatt von der Zunge gegangen.

Der Prof gesellte sich neugierig dazu.

"Did you enjoy the pizza?", fragte Jessica.

"It was yummy", beeilte ich mich zu sagen, bevor der Prof womöglich lang und breit von seinen Gewichtsproblemen erzählte. Er ließ sich selten eine Gelegenheit entgehen, einen Vortrag zu halten.

Ich zog Jessica zur Haustür. "**We're off. Bye**." Noch ein rasches Winken und wir standen im Freien.

Die Nachmittagssonne lag schwer über der Häuserreihe. Ich wäre lieber wieder mit dem Pizzataxi gefahren anstatt zu laufen. Ich erinnerte mich nicht mal mehr daran, wie weit es zum Shoppingcenter war. Es hätte direkt um die Ecke sein können, und ich hätte es nicht mehr gefunden. "You wanted to show me a trick for finding my way", sagte ich, als wir auf den Bürgersteig traten.

We're off. Bye. Wir gehen. Tschüs.

"**Right**. What do you like **most**?", fragte Jessica.
"Football, **of course**."
"Good. And your favourite team is?"
"FC Hansa Rostock."
"Do you know the names of the players?"
"Sure." Die konnte ich im Schlaf rauf- und runterbeten.
"Good. Now look down the street." Jessica deutete nach links. "Do you see anything that **reminds** you of the name of one of the players?"
Ich kratzte mich am Kopf. "Hm, there's a bakery at the end of the street. That reminds me of Marco Vorbeck."

Wir liefen bis zur Ecke und dort wiederholte Jessica ihre Frage. So ging es den ganzen Weg. Mal sah ich einen dichten Rhododendronbusch in einem Vorgarten und dachte dabei an Carsten Busch. Dann einen orangefarben gestrichenen Briefkasten, der mich an Uwe Möhrle denken ließ. Ein alter Schuppen erinnerte mich an Mathias Schober. Als wir schließlich im Shoppingcenter vor Domino's Pizza ankamen, ließ Jessica mich in Gedanken den Weg noch mal durchgehen. Es war überhaupt kein Problem. Plötzlich waren diese abstrakten Linien, als die ich das Straßennetz

---

Right. *hier:* Genau.
most am meisten
of course natürlich
reminds erinnert

einer Stadt immer empfand, ganz einfach nachzuvollziehen. Ich hatte jetzt ein dreidimensionales Bild im Kopf, in dem ich mich vorwärts und rückwärts bewegen konnte, ohne mich zu verlaufen.

"You're a **genius**", sagte ich glücklich.

Jessica lächelte geschmeichelt. "Now let's go to my secret hiding place." Wir waren noch keine zehn Schritte weit gekommen, da versperrte uns jemand den Weg, so plötzlich, als wäre eine Wand aus dem Boden gewachsen.

Groß, mächtig und schwitzend stand Daniel Winslow vor uns. Er stemmte die Arme in die breiten Hüften.

Jessica wollte um ihn herumgehen, aber er schnappte sie am Arm. "**Are you chasing** mice again?", fragte er mit drohendem Unterton.

"No", sagte Jessica mit ernster Miene. "We're chasing **bank robbers**."

Das brachte ihn aus dem Konzept. "Which bank was robbed? Why didn't Perry inform me?" Er sah sich hektisch um. Im Center gab es mehrere Bankfilialen und er schien sich nicht entscheiden zu können, zu welcher er laufen sollte.

"I think he's eccentric", meinte ich, als Daniel endlich davongeschnauft war.

---

genius Genie
are you chasing jagt ihr
bank robbers Bankräuber

"No, he's just **unfriendly**", sagte Jessica und versetzte mir einen sanften Rippenstupser. Wie selbstverständlich griff sie nach meiner Hand und zog mich weiter bis zu einer abweisend aussehenden, dunkelbraun lackierten Tür, auf der in weißen Druckbuchstaben "**Staff Only**" geschrieben stand. Jessica holte einen Schlüsselbund aus ihrer Hosentasche, sah sich rasch nach allen Seiten um und schloss dann auf. Hinter der Tür lag ein schwach beleuchtetes Treppenhaus. Die Tür fiel hinter uns ins Schloss. Es ging die Treppe hinunter, einen Gang entlang, um mehrere Ecken, durch weitere Türen und zwischen Heizungsrohren hindurch. Das reinste Labyrinth.

"Here we are." Jessica ließ meine Hand los, schloss eine der zahllosen grauen Stahltüren auf und ließ mir den Vortritt. Ich blieb im Türrahmen stehen, denn der fensterlose Raum war stockfinster. Sie tastete nach dem Lichtschalter. Sekunden später flackerte eine Neonröhre an der Decke auf. Nun wagte ich zwei Schritte in den Raum. Jessica schloss die Tür hinter uns sorgfältig ab.

Ich kam aus dem Staunen nicht mehr heraus. Ich hatte eine kleine, karge Abstellkammer erwartet, doch Jessicas Geheimversteck war mindestens fünf-

---

unfriendly unfreundlich
Staff only Nur Personal

zehn Quadratmeter groß und luxuriös ausgestattet. Als Erstes fiel mir ein Kühlschrank auf, der so wuchtig war wie Daniel: das Riesending reichte bis an die niedrige Decke. Ein dicker Teppich mit schwarzweißem Karomuster dämpfte die Schritte. An den Wänden hingen Fotos von Popstars. Der Raum hatte sogar ein kleines Waschbecken.

"Wow", sagte ich. "Your hiding place is **larger** than my bedroom."

Ich setzte mich auf das Sofa, das mit gelbem Cord bezogen war, und schlug die Beine übereinander. In einer Ecke stand ein gemütlicher Ohrensessel, daneben ein kleiner runder Tisch, auf dem ein paar Bücher lagen: Krimis und Pferdegeschichten, wie ich auf den ersten Blick erkennen konnte.

"What would you like to drink?", fragte Jessica. Mit großer Geste öffnete sie den Kühlschrank. "I've got orange juice, milk and lemonade."

Ich entschied mich für Orangensaft. Dazu reichte sie Erdnüsse. Sie selbst trank Limonade. Wir prosteten uns zu.

"Is this a **real** treasure chest?", fragte ich und deutete auf eine dunkelbraune Schatzkiste, die mit einem Vorhängeschloss gesichert war.

"Of course", sagte Jessica mit einem Augenzwinkern.

---

larger größer
real echt

"My great-grandfather Samuel Brown was a famous **pirate**. He **bought** the chest in Polynesia."
Ich fischte ein paar Erdnüsse aus der Schale. "And what's inside? Gold and **jewellery**?"
Sie lächelte geheimnisvoll. "**Once** there was treasure in it, but Samuel **spent it all**."
"If it's empty, what's the **lock** for?"
Jessica guckte mich an, als hätte ich gerade etwas schrecklich Dummes gesagt. "I'm hiding **my own** treasures inside. My **milk-teeth**, the **pictures** I painted at **nursery school**, letters, seashells from a holiday in Portugal, and ..."
"And **what else**?"
Sie trank einen Schluck Limonade, knabberte Erdnüsse und hatte sichtlich Freude daran, mich auf die Folter zu spannen. "My diaries", sagte sie schließlich. "**Ever since** I learned to write, I've kept a diary. I

---

pirate Seeräuber
bought hat gekauft
jewellery Schmuck, Juwelen
once einst
spent it all hat alles ausgegeben
lock Schloss
my own meine eigene
milk teeth Milchzähne
pictures Bilder
nursery school Kindergarten
what else? was noch?
ever since seitdem

write down what **happens** every day. I write about my dreams and **wishes** and problems."
Ich nickte anerkennend. Ich kannte niemanden, der ein Tagebuch führte. Mir wäre es zu mühsam gewesen, Tag für Tag das Erlebte aufzuschreiben. Das meiste waren sowieso Wiederholungen: die Schule, der Alltag mit dem Prof und Sabrina, die Nachmittage mit den Freunden. Hin und wieder mal ein Highlight, zum Beispiel ein gewonnenes Fußballspiel, aber das konnte ich mir auch ohne Tagebuch merken.
"Do you keep a diary, too?", fragte sie prompt, als hätte sie meine Gedanken erraten.
"No", sagte ich. "But I think we should talk about the mice now."

---

happens passiert
wishes Wünsche

Der erste Verdacht

Jessica nickte. "You're right. After all, we promised Perry we would help her." Sie holte wieder den Schlüsselbund hervor, öffnete die Schatztruhe und nahm eine schwarze Kladde und einen Kugelschreiber heraus. Sie schlug das Buch auf und notierte: Why is someone releasing mice in the Shopping Centre?

Wir dachten angestrengt nach. Jessica steckte den Kugelschreiber in den Mund. Ich starrte gegen die Decke und suchte dort nach einer Antwort. Mir wollte einfach kein Grund einfallen. Ich käme nie auf die Idee, irgendwo Mäuse oder andere Tiere auszusetzen. Aber das war schon der erste Denkfehler.

"We must **try to** think like **someone else**", sagte Jessica. Sie sprach aus, was mir gerade durch den Kopf geschossen war.

"**Exactly!**" Ich schnippte aufgeregt mit den Fingern. Jessica lächelte nachsichtig. Manchmal können einen Mädchen ganz schön verunsichern. Ich spürte, wie ich errötete. Jessica klickte mit dem Kugelschreiber und schaute mich erwartungsvoll an.

"We must think like a **criminal**", vollendete ich meinen Gedanken.

---

try to versuchen
someone else jemand anders
Exactly! Genau!
criminal Verbrecher

Jetzt war sie es, die mit den Fingern schnippte. "A good detective always tries **to put himself in the culprit's position**."
"So, let's **assume** I'm the one who released the mice", sagte ich. "Why did I do it?"
"You have mice as pets", rief Jessica.
Bei der Vorstellung musste ich automatisch grinsen. Sabrina würde die armen Tierchen ständig therapieren wollen. Und der Prof würde ausrasten, wenn eine Maus seine Bücher anknabberte.
"The mice **soon** have babies", fuhr Jessica fort.
Da kapierte ich, worauf sie hinauswollte. Dass Mäuse sich rasend schnell vermehren, war mir ja auch schon durch den Kopf gegangen "They **keep having babies** and my house is soon full of mice." Ich sah sie zusammenzucken. "Sorry. But it's your theory."
"Yes, and it's not so **far-fetched**. You don't know what to do with the mice so you release them in the Shopping Centre."
"But why here? Why not in a garden or park?"
"The Shopping Centre is big, with lots of hiding places and plenty of food for the mice."

---

to put himself in the culprit's position sich in die Lage des Schuldigen zu versetzen
assume annehmen
soon bald
keep having babies haben dauernd Babys
far-fetched weithergeholt

“Pizza and Döner”, bestätigte ich. “And there are no cats in here. So the mice are **safe**, unless someone **traps** them.”
Jessica schrieb die Theorie in ihr Notizbuch. Ich war froh, dass wir einen kleinen Schritt weitergekommen waren. So richtig überzeugt war ich von der Mutmaßung nicht, aber ich wollte die Anfänge unserer detektivischen Arbeit nicht mit Zweifeln ersticken. Dabei fiel mir ein Spruch vom Prof ein: Zweifeln ist der Weisheit Anfang.
Jessica hatte bereits eine zweite Theorie parat. “I think it’s **more likely** that you’re a criminal with **a mean plan**.”

Sofort fühlte ich mich beschuldigt. “Why me?”
“Because we’re assuming you’re the culprit.”
Das hatte ich schon wieder vergessen. Klar, ich wollte mich ja in die Gedanken des Täters versetzen. Was für einen bösen Plan könnte ich verfolgen? “Perry said Management is **worried** because they don’t want to close the Centre. This could be my plan.”
“**Sounds good**. But what’s your motive?”
Plötzlich sprudelten die Ideen nur so. Ich konnte mir

---

safe sicher
traps fängt
more likely eher wahrscheinlich
a mean plan ein gemeiner Plan
worried besorgt
Sounds good. Klingt gut.

Janis

tausend Gründe denken, warum ich eine Mordswut auf das Shoppingcenter hatte und mich bitter rächen wollte. "Maybe I was **treated badly** by an unfriendly **salesperson**. Or I lost something **valuable** in the Centre. Or my bag was **stolen**. Or I **worked** here and was **fired**. Or I **owned** a small shop nearby that **went bankrupt** after the Centre opened."

Jessicas Kugelschreiber flog nur so über die Seiten. Plötzlich warf sie ihn von sich wie einen Dartpfeil und hielt das Notizbuch schützend vor das Gesicht.

"**Is everything all right?**", fragte ich. Womöglich hatte sie einen Schreibkrampf.

Sie atmete schwer und brachte keinen Laut hervor.

"Are you ill?" Ich erhob mich und wollte nach ihr schauen. Da entdeckte ich den Grund ihrer Panikattacke: eine Maus, die nach einer Erdnuss schnappte, die auf den Teppich gefallen war. Schon huschte das Tierchen hinter die Schatztruhe. Ich ging zu Jessica und legte beruhigend meinen Arm um ihre Schultern.

---

treated badly schlecht behandelt
salesperson Verkäufer(in)
valuable wertvoll
stolen gestohlen
worked habe gearbeitet
fired gefeuert
owned habe besessen
went bankrupt machte Bankrott
Is everything all right? Ist alles in Ordnung?

"The mouse **has gone**", sagte ich, obwohl das so natürlich nicht stimmte. Sie befand sich ja noch immer in Jessicas Geheimversteck.
Jessica legte die Kladde aus der Hand. Ich schielte zur Schatzkiste. Vielleicht war hinter der Truhe ein Loch in der Wand, denn diese Maus hatte ein braunes Fell und keine Ähnlichkeit mit den Mäusen aus einer Zoohandlung. Es lebten also auch wilde Mäuse im Center, jedenfalls im Keller, wo sie keine Probleme machten.
Ich bat Jessica draußen zu warten und versprach, mich um ihr persönliches Mäuseproblem zu kümmern.
"Thank you", hauchte sie, stakste mit wackligen Beinen zur Tür, schloss auf und lehnte sich im Gang an die gegenüberliegende Wand. Ich schob die Schatzkiste zur Seite und versuchte die Maus zu fangen, aber sie entwischte mir und verschwand hinter dem Kühlschrank. Dort kam ich nicht an sie heran.
Ich gab meine Erkenntnisse an Jessica weiter. Gleich geriet sie erneut in Panik und schwor, niemals wieder diesen Raum zu betreten.
"But it's so **cosy** in here", sagte ich. "It's the best hiding place I've ever seen. You can't **leave it to** a mouse."
"So what shall we do?"

---

has gone ist weg
cosy gemütlich
leave it to es überlassen

"I'll catch the mouse with a trap."
Ehe ich mich versah, drückte sie mir einen Kuss auf die Wange, mäuseflink und ziemlich feucht. Im nächsten Augenblick murmelte sie eine Entschuldigung.
"No problem", sagte ich hastig und überlegte, ob ich mir auch ein Tagebuch zulegen sollte. "Let's go and buy a trap."

Jessica führte mich in einen dunklen, staubigen Gemischtwarenladen in einer abgelegenen Ecke des Shoppingcenters, wo ein dünner Mann selbstversunken auf eine der zahlreichen Teetassen mit dem Bildnis der verstorbenen Prinzessin Diana starrte.

"Excuse me, Mr Jenkins", sagte Jessica nach einer quälend langen Pause.
Der Angesprochene schreckte hoch und fragte eilfertig nach unseren Wünschen.
"Do you have live traps for mice, Mr Jenkins?", fragte Jessica.
Der Ladenbesitzer zuckte zusammen, als hätte sie nach Zigaretten oder Alkohol gefragt. Er schaute erst mich und dann Jessica durchdringend an.
"**Strange**, very strange", sagte er schließlich. "**Recently**, more and more people are buying mouse traps."

---

strange seltsam
recently neuerdings

"**What do you mean?**", hakte Jessica nach.
"I'm selling more traps than Lady Di cups these days." Mr Jenkins führte uns in den hinteren Teil des Ladens, wo es Fallen aller Art gab. "Look around", sagte er gönnerhaft.
Beim Anblick der Fallen kam mir ein Gedanke. War es nicht möglich, dass Mr Jenkins etwas mit den ausgesetzten Mäusen zu tun hatte? Schließlich profitierte er ganz gewaltig von der plötzlichen Mäuseinvasion im Shoppingcenter.
Während Jessica mit einem schmerzhaften Gesichtsausdruck verschiedene Fallen gegen das Neonlicht hielt, drehte ich mich zu dem Ladenbesitzer um. "Mr Jenkins, may I ask who's buying these traps?"
Er tat so erstaunt, als verwundere ihn die Frage ungemein. "Why? **Everybody**."
"Who exactly?"
Jessica stellte sich neben mich und kniff die Augen zusammen.
Mr Jenkins antwortete unwirsch: "I don't make statistical studies of my customers."
Das konnte ich durchaus nachvollziehen. Dabei dachte ich besonders an die Fußballstatistiken. Früher wurde bestenfalls noch das Eckenverhältnis gezählt.

What do you mean? Was meinen Sie?
everybody alle

Heutzutage wird während eines Spiels genau festgehalten, wie viele Ballkontakte und Ballverluste jeder einzelne Spieler hat. Torschüsse, Fehlpässe und Vorlagen werden aufgeführt. Am Schluss einer Spielstatistik ist vielleicht die Mannschaft A zu 60 % des Spiels in Ballbesitz und die Mannschaft B nur zu 40 %. Trotzdem hat am Ende Team B gewonnen, weil es das entscheidende Tor geschossen hat. So einfach ist Fußball, trotz der ausufernden Statistiken.
Ich hakte bei Mr Jenkins nach: "I'm sure **you remember** the customers you had recently, and what they **bought**."
Dazu hatte Mr Jenkins nichts zu sagen. Jessica öffnete den Mund, aber ich legte ihr schnell den Zeigefinger auf die Lippen. Keine Antwort war ja auch eine Antwort und in diesem Fall eine höchst verdächtige.
"Did you find a trap?", fragte ich Jessica.
Sie nickte und zeigte mir das Teil. Wir gingen damit zur Kasse und bezahlten.
"Why did you ask Mr Jenkins about his customers?", bestürmte mich Jessica, als wir wieder draußen waren.
"Mr Jenkins is a **suspect**", sagte ich.
"Why? Because he doesn't like statistics?", fragte Jessica.

---

you remember Sie erinnern sich
bought gekauft haben
suspect Verdächtiger

"No, because he's selling mouse traps", antwortete ich.
Jessica konnte es nicht fassen und hielt mich wohl für durchgeknallt.
"Did you see all the **dust** in his shop?", sagte ich. "I don't think he was making much of a **profit** before the mice began turning up in the Centre. Now he's selling lots of traps to Security and other shop **owners**."
"Maybe you're right. We just bought a trap in his shop, too."
Ich war sehr stolz auf mich und hielt mich in diesem Augenblick für die beste Spürnase der Welt. Ich hätte mich sehr gefreut, von Jessica zur Belohnung einen Kuss zu bekommen. Aber sie dachte gar nicht daran.

---

dust Staub
profit Gewinn
owners Besitzer

Schlaf gut, Mäuschen

In Jessicas Versteck stellte ich die Falle neben dem Kühlschrank auf und legte eine Erdnuss hinein. Ich nahm unsere beiden fast leeren Gläser, spülte sie unter fließendem Wasser in dem kleinen Waschbecken aus und trocknete sie mit dem Handtuch, das daneben hing, ab. Was muss man nicht alles für Opfer bringen, um ein guter Detektiv zu sein, wenn man eine Partnerin hat, die sich vor Mäusen fürchtet! Jessica wartete natürlich die ganze Zeit vor der Tür und fragte alle paar Sekunden, wann sie endlich wieder abschließen könnte.

Was wir als Nächstes tun würden, war klar: Wir mussten Perry von unserem ersten Verdacht erzählen. Sie stand diesmal vorn am Schalter und sah der Rothaarigen über die Schulter.

"Hi, kids", sagte Perry freundlich. "We're looking at yesterday's **video recordings**. **With a bit of luck**, the person who released the mice **didn't notice** the cameras." Sie nahm die Brille ab und rieb sich die Augen. "Could you **carry on alone**, Hannah?"

Die Rothaarige nickte.

---

video recordings Videoaufnahmen
with a bit of luck mit ein bisschen Glück
didn't notice hatte nicht bemerkt
carry on alone alleine weitermachen

"We've got our first suspect", sagte Jessica.
"Oh, **really?** That's great. Come into my office and tell me all about it."
Perry hörte sich unseren Verdacht an. Sie nagte mal wieder an ihrem Brillenbügel, der schon ganz zerkaut aussah. "I don't know", meinte sie nachdenklich. "Old Mr Jenkins is a little **weird**, but he's been running his shop ever since the Centre opened. I don't think he'd do **anything** to cause **trouble**. But **I'll keep a close eye on him**. Thanks for telling me."
Wieder machten wir uns auf den Weg zu Jessicas Geheimversteck. Wir passten auf, dass niemand uns dabei folgte. Es war später Nachmittag und in den Gängen herrschte Gedrängel. Unbemerkt gelangten wir zum Treppenhaus.
Jessica schloss die Tür auf und blieb im Gang stehen, während ich die Falle kontrollierte. Es hockte tatsächlich die kleine, braune Maus darin. Ihre Barthaare zitterten. Ich nahm sie aus der Falle und setzte das Tier in die hohle Hand.
Jessica hielt die Augen fest geschlossen. "Did you catch it?", fragte sie leise.

---

really? tatsächlich?
weird merkwürdig
anything irgendwas
trouble Ärger
I'll keep a close eye on him. Ich werde ein wachsames Auge auf ihn haben.

"Yes", antwortete ich. "I'm going to release the mouse on my way home."
"**Aren't you afraid** it could bite you?"
Auf die Idee war ich gar nicht gekommen. Natürlich können Mäuse ganz fies beißen, wenn sie Angst haben, aber ich habe wohl Sabrinas Talent geerbt, auf Tiere beruhigend zu wirken. Diese Maus war auch schon ganz schläfrig.
Jessica und ich verabschiedeten uns vor der Pizzeria und verabredeten uns für den nächsten Morgen. Sie drückte mir ein sanftes Küsschen auf die Wange und gab mir als Wegzehrung eine Pizzaecke mit. Sie war wirklich ein tolles Mädchen.

Leichtfüßig lief ich zum Ausgang. Alles, was ich tun musste, war, mir die Spieler von Hansa Rostock ins Gedächtnis zu rufen, mit denen ich markante Wegpunkte verband. Mühelos gelangte ich nach Hause. Die Maus ließ ich bei dem alten Schuppen frei, der mich an Mathias Schober erinnerte.
"Deine neue Freundin scheint sehr nett zu sein", begrüßte mich der Prof.
Es klang nicht nach einer Feststellung, sondern nach vielen neugierigen Fragen, auf die ich aber keine Lust hatte.
"Für ein Mädchen ist sie ganz in Ordnung", sagte ich ausweichend.

---

aren't you afraid hast du keine Angst

Sabrina, die im Wohnzimmer gerade den Esstisch deckte, hatte meine Bemerkung mitbekommen und stand gleich in der Küche.
“Was soll das heißen?”, fragte sie und stemmte die Arme angriffslustig in die Hüften.
“Gar nichts”, sagte ich.
“Es soll wohl heißen, dass diese Jessica sehr nett ist”, sagte der Prof. Er war dabei, am Wasserhahn eine Dichtung auszutauschen. Auf der Spüle stand ein Superprofiwerkzeugkasten. Dabei konnte der Prof nicht einmal einen Schraubendreher von einem Schraubenschlüssel unterscheiden. Meistens war der Schaden, den er anrichtete, nur noch von einem Handwerker zu beseitigen.
“Ich meinte die Bemerkung *für ein Mädchen*”, sagte Sabrina.
Der Prof schwieg und klopfte mit einem Hammer gegen den tropfenden Wasserhahn.
“Also für ein Mädchen ist sie sogar supernett”, sagte ich und nahm zwei Treppenstufen auf einmal, um dem Verhör zu entkommen. Ich streckte mich auf meinem Bett aus und ließ alles noch einmal an mir vorüberziehen. Mein erster Tag in Oxford war total aufregend gewesen. Und Jessica war nicht nur in Ordnung, sie war einsame klasse. Ohne ihre geniale Idee wäre ich noch immer ein geografischer Analphabet und müsste mir vielleicht einen Blindenhund zulegen.

Sabrina rief zum Abendbrot. Ich war kurz vorm Einschlafen und dank der Pizzadiät kein bisschen hungrig, darum reagierte ich nicht. Sabrina schaute kurz in mein Zimmer rein. “Hast du gar keinen Hunger? Na dann. Dein Vater hat den Wasserhahn übrigens endgültig ruiniert.”
Wir zwinkerten uns zu. Dann reiste ich ins Land der Träume.

Mauswürfel

Die Sonne strahlte durch das fleckige Fenster in mein Zimmer. Es war erst mein zweiter Morgen im neuen Haus, doch ich fühlte mich gar nicht mehr so fremd hier. Ich freute mich auf Jessica, die Detektivarbeit und einen spannenden Sommertag.
Ich duschte und durchwühlte die Kisten, die ich immer noch nicht ausgepackt hatte, nach frischer Wäsche und meinem Lieblings-T-Shirt.
Als ich in die Küche kam, telefonierte der Prof mit einem Handwerker. Ich aß ein Müsli, trank eine Tasse heiße Schokolade und war zehn Minuten später startklar. Sabrina stoppte mich an der Haustür und nötigte mir eine peinliche, grüne Regenjacke auf. Ich deutete zum Himmel, der so blau war wie auf einer Ansichtskarte aus Italien. Es half nichts. Sabrina spürte, wenn das Wetter umschlug. Das hatte uns auf mancher Wanderung vor Schlimmerem bewahrt. Ich band mir die Jacke um die Hüften und marschierte los. Jessica erwartete mich bereits vor *Domino's Pizza*. Sie deutete grinsend auf meine Regenjacke. Sie war sommerlich leicht bekleidet: weiße Leinenhose und T-Shirt.
"My mum says it's going to rain today", sagte ich mit Bestimmtheit.
"Right", sagte sie und grinste eine Spur breiter.
Wir gingen zu Perry, die uns mit einer Handbewe-

gung bedeutete, Platz zu nehmen. Sie war blass und drehte nervös die Brille in den Händen. "Kids, you won't believe what'**s happened**. **I'm not supposed to tell anyone**. So you must promise once again to keep this a secret."
Je geheimnisvoller, desto besser, dachte ich. "Top secret", versicherte ich.
"**My lips are sealed**", bestätigte Jessica.
"The mouse problem has turned into **a serious threat**", sagte Perry mit ernster Miene. "Management **received** an anonymous letter this morning."
"**Blackmail**?", fragte Jessica.
"That's right. Someone is threatening to release **rats** and even more dangerous animals in the Centre soon."
Jessica und ich beugten uns gespannt vor.
Perry senkte die Stimme. "Unless they fire me."
So war das also! Dem Erpresser ging es nur darum, dass Perry gefeuert wurde. Sonst, so drohte er, würde er weitere Tiere aussetzen. Es war ein persönlicher Rachefeldzug gegen Perry. Kein Wunder, dass sie so

---

has happened passiert ist
I'm not supposed to tell anyone. Ich sollte es niemandem erzählen.
My lips are sealed. Meine Lippen sind versiegelt.
a serious threat eine ernsthafte Drohung
received erhielt
blackmail Erpressung
rats Ratten

blass war. Damit konnte ich Mr Jenkins als Verdächtigen streichen, denn was hätte er davon, wenn man Perry rausschmiss? Das würde den Absatz an Mausefallen nicht weiter steigern.
"But they won't fire you, will they?", fragte Jessica entsetzt.
"No, but they asked me **to think about resigning**. **They offered me a generous settlement**." Entrüstet fügte sie hinzu: "Of course I'm not going to give up my job just because some idiot is trying to blackmail the Centre. I'll make a list of everybody who **bears a grudge against me**. For example, there's Elmo Richards, a **former member** of my team. I had to fire him because **he was covering for a shoplifter** and **going halves with him**."
Plötzlich setzte sich Perry die Brille ruckartig wieder auf und sah uns mit ernster Miene an. "The blackmail letter also means that the **case** has turned into

---

to think about resigning über eine Kündigung nachzudenken
They offered me a generous settlement. Sie haben mir eine großzügige Abfindung angeboten.
bears a grudge against me einen Groll gegen mich hegt
former member ehemaliges Mitglied
he was covering for a shoplifter er hat einen Ladendieb gedeckt
(was) going halves with him hat mit ihm Halbe-Halbe gemacht
case Fall

something serious, maybe even dangerous. So I don't want you to make any **further** investigations."

Damit waren Jessica und ich unseren tollen Undercover-Job los, gerade als der Fall richtig interessant wurde. Wir wünschten Perry noch viel Glück bei der Aufklärung und liefen eine Weile etwas ziel- und planlos im Center herum. Das einzig Schöne dabei war, dass Jessica meine Hand hielt.

"Let's go to your hiding place", schlug ich vor. "I'm thirsty."

"We can buy something in here." Jessica deutete auf den *Iceland Supermarket*, an dem wir gerade vorbeikamen.

Zwischen den Kühlregalen zwängten wir uns hinter einer dicken Verkäuferin und einer elegant gekleideten Kundin durch, die so intensiv nach schwerem Rosenparfüm roch, dass mir fast die Luft wegblieb.

Ich hörte die Verkäuferin beruhigend, aber mit deutlichem Zittern in der Stimme auf die Kundin einreden. "Of course we don't sell **frozen** mice. This must be a **practical joke**."

"It's **disgusting**", rief die Kundin. Sofort drehten sich weitere Personen um.

---

further weitere
frozen tiefgekühlt
practical joke Streich
disgusting widerlich

Beschwichtigend flüsterte die Verkäuferin: "**I've already called someone** from Security." Sie schob die widerstrebende Dame weiter.
Ich nutzte die Gelegenheit und sah in die Kühltruhe. Auf einer Packung Blattspinat lagen zwei von Raureif überzogene Mäusekörper. Was für ein fieser Typ musste dieser Erpresser sein!
"**Caught in the act**", hörte ich Daniel Winslows schneidende Stimme und spürte im nächsten Moment seine schwere Hand auf meiner Schulter. "I received a **call** saying that there were mice in the supermarket. And who do I find here? You, of course."
Die Verkäuferin kam mir zur Hilfe. "No, sir, I don't think the boy did it. The mice must have been here for an hour or longer. They're already frozen." Sie deutete in die Kühltruhe.
Unvermittelt lachte Daniel los. "These aren't **ice cubes**, these are mice cubes."
Er fand das Wortspiel anscheinend wahnsinnig komisch, denn er lachte fast Tränen. Als er sich wieder beruhigt hatte, griff er zum Funkgerät. "Hannah? I'm on camera seventeen." Er sah zu einer der Überwa-

---

I've already called someone Ich habe schon jemanden gerufen
Caught in the act! Auf frischer Tat ertappt!
call Anruf
ice cubes Eiswürfel

BAKED BEANS PEPPERONI
BAKED BEANS GREEK STYLE
BAKED BEANS COCONUT
BAKED BEANS TUNA
BAKED BEANS FISH
BAKED BEANS MAPLE
BAKED BEANS BACON
BAKED BEANS HAM
BAKED BEANS BEEF
BAKED BEANS CHICKEN
BAKED BEANS VEGETARIAN
BAKED BEANS CHEESE
BAKED BEANS BARBEQUE
BAKED BEANS ONION
BAKED BEANS CHILI
BAKED BEANS CACAO
BAKED BEANS MEXICO
Baked Beans only 99p
frozen cherries
frozen strawberries
frozen berries
frozen spinach
frozen cauliflower
frozen peas
WINSLOW

chungskameras hoch. “Zoom to the freezer over there. Do you see the mice? Yes, they’re frozen.” Er wiederholte seinen dämlichen Witz.
Die Verkäuferin rollte mit den Augen und lenkte schnell ein paar Kunden ab, die sich der Kühltruhe näherten. Niemand dachte daran, die Mäuse endlich zu entfernen. Es war einfach entwürdigend, sie so mausetot auf dem Blattspinat liegen zu lassen.
“I think we should take them to Perry”, sagte ich zu Jessica und nahm eine der Isoliertragetaschen, die über der Kühltheke hingen. Aus Versehen erwischte ich zwei Taschen. Eine davon fiel mir runter. Als ich mich bückte, um sie aufzuheben, bemerkte ich, wie eine Frau am Frischkostregal am Ende des Ganges eine Packung Lachsschinken unter ihren Mantel schob, den sie trotz des schönen Wetters trug. Ich sah genauer hin: Der Mantel hatte einen langen Schlitz. Als sie erneut hineingriff, diesmal um eine Streichleberwurst zu verstauen, konnte ich sehen, dass auf der Innenseite des Stoffes viele Taschen eingenäht waren.
Ich richtete mich wieder auf. “Jessica, you have to go and get Perry. The lady over there is shoplifting. She’s putting everything inside her coat.”
Daniel Winslow war inzwischen damit beschäftigt, Schaulustige von der Kühltheke fernzuhalten. Niemand beachtete mich, als ich die beiden Mäuse in die Isoliertasche steckte. Bei der zweiten Maus stutzte

ich. Sie kam mir irgendwie bekannt vor. Ich schaute sie prüfend an. Tatsächlich, sie sah absolut genauso aus wie die Maus, die ich gestern vor *Domino's Pizza* gefangen hatte: weiß mit einem grauen Strich auf dem Rücken.

In der allgemeinen Aufregung konnte die Ladendiebin ungeniert weiterklauen. Ich blieb in ihrer Nähe, damit ich sie nicht aus den Augen verlor. Hoffentlich ließen Jessica und Perry nicht lange auf sich warten, denn ich hatte keine Ahnung, wie ich mich verhalten sollte. Sicher würde die Frau sich heftig wehren, wenn ich sie stellte. Gut möglich, dass sie sogar eine Waffe unter dem seltsamen Mantel trug. Deshalb war ich erleichtert, als sich endlich Jessica und Perry näherten.

"She's putting things into pockets inside her coat", verriet ich Perry.

"A **well-known** trick", meinte sie.

Die Diebin stand jetzt vor dem Weinregal und griff zielsicher nach der teuersten Flasche.

Perry stellte sich der Frau in den Weg, als diese sich auf den Weg zur Kasse machte.

"I'm Perry Fenton, Head of Security. Would you please come with me?"

Die Frau schubste Perry zur Seite. Plötzlich krachte die Rotweinflasche auf den Boden. Die Naht der

---

well-known bekannt

Tasche war gerissen. Jessica und ich stießen uns an und mussten lauthals lachen.
"**Watch out!**", sagte Perry. Sie führte die Frau weg von den Scherben. "If you'd please follow me to my office now."
Erst schien es, als würde die Diebin der Aufforderung folgen, doch im nächsten Augenblick beschimpfte sie Perry. "**You're in no position** to tell me what to do", brüllte die Frau los. "It's because of you that my husband lost his job."
"You're Elmo's wife? I'm sorry, Mrs Richards, but **it was his own fault**. He ..."
Doch Mrs Richards war jetzt so richtig in Fahrt und zeterte weiter. "You **worthless**, **heartless**, **ruthless** creature." Es folgten immer schlimmere Beschimpfungen.
Ich bewunderte Perry, die das vollkommen gelassen über sich ergehen ließ. Ich hätte nicht so cool bleiben können. Da erinnerte ich mich, wie Sabrina mir einmal erklärt hatte, woran man einen ausgeglichenen Menschen erkennt: Er entscheidet selbst, von wem er sich beleidigen lässt.

Watch out! Passt auf!
you're in no position Sie haben kein recht
it was his own fault es war seine eigene Schuld
worthless wertlos
heartless herzlos
ruthless unbarmherzig

"**Have you finished?**", fragte Perry, als die Diebin eine Pause einlegte.
"They ought to fire you", fuhr Mrs Richards fort. "So you see what it's like **to be on the dole**."
"I think we've heard **enough**", sagte Perry.
Mrs Richards versuchte eine andere Taktik. Sie schluchzte gekünstelt auf. "**You banned poor Elmo** from the Centre. This is so **humiliating**. **He can't get over it**." Theatralisch griff sie in ihr Kleid und knallte nach und nach alles auf den Boden, was sie geklaut hatte. Und das war eine ganze Menge: Käse, Butter, Schokolade und Rosenkohl aus der Tiefkühltruhe …

Da fiel mir der Erpresserbrief ein. Perry hatte Elmo Richards als Verdächtigen genannt. Es war durchaus möglich, dass Elmo seine Frau damit beauftragt hatte, hier Mäuse auszusetzen. Er selbst konnte es nicht tun, da er Hausverbot hatte.
Ich hatte eine Idee, wie ich meine Theorie gleich an Ort und Stelle ohne große Erklärungen testen konnte.
"Wait!", rief ich, als zwei Security-Männer, die in-

Have you finished? Sind Sie fertig?
to be on the dole auf Stütze zu leben
enough genug
you banned poor Elmo Sie haben dem armen Elmo Hausverbot erteilt
humiliating erniedrigend
He can't get over it. Er kommt darüber nicht hinweg.

zwischen angerannt gekommen waren, Mrs Richards abführen wollten. Ich spürte, wie ich errötete, weil ich plötzlich im Mittelpunkt stand. "I need to test something", fuhr ich fort und stiftete noch mehr Verwirrung.

Perry bedeutete den uniformierten Männern zu warten. Jessica kaute auf ihrer Unterlippe. Die Ladendiebin starrte mich an wie einen Außerirdischen. Jetzt kam es auf den Überraschungseffekt an. Ich öffnete die Isoliertasche, griff blind hinein und zog eine der toten Mäuse am Schwanz ans Licht. Jessica verdrehte die Augen und schrie wie üblich. Aber diesmal wurde sie von Mrs Richards übertönt. Aus den entferntesten Winkeln des Supermarkts strömten die Leute herbei.

Das Gekreische wollte kein Ende nehmen, dabei hatte ich die Maus längst wieder in die Tasche getan. Die Kundschaft brauchte ja nicht zu wissen, um was es hier in Wirklichkeit ging. Es war nämlich ein Test gewesen, den Mrs Richards überzeugend bestanden hatte: Ihre Angst vor Mäusen, sogar wenn sie tot waren, war so groß, dass sie mit Sicherheit keine aussetzte.

Perry warf mir einen strafenden Blick zu. Aber bevor ich Gelegenheit hatte, meine Aktion zu erklären, ertönte schon wieder ein Schrei. Er kam von der Kasse. Die Dame mit dem Rosenparfüm hielt ihre geöffnete Handtasche hoch, als wollte sie zeigen, dass etwas fehlte. "My purse. Someone has stolen my purse."

Vom Regen in die Traufe

Die beiden Security-Männer kümmerten sich um die aufgebrachte Frau. Daniel scheuchte die Menschenmenge auseinander.

"Where's Mrs Richards?", rief Perry auf einmal.

Die Ladendiebin hatte das allgemeine Durcheinander ausgenutzt und sich aus dem Staub gemacht.

"Well, we've got her address", sagte Perry mehr zu sich selbst. "I'll ask Hannah if one of the cameras recorded her shoplifting. That's all the proof we need."

Ich wollte ihr die Isoliertasche reichen, doch Perry schreckte zurück. Tote Mäuse waren ihr wohl nicht so ganz geheuer. Selbst Daniel Winslow machte plötzlich einen auf zimperlich und wollte die Tasche nicht anrühren.

Also erbot ich mich, die Tasche für sie in ihr Büro zu bringen. Als wir am Security-Schalter ankamen, sah Hannah von den Monitoren hoch. "What exactly was going on? There was **such a commotion**, **I lost track** of who was doing what."

Perry klärte sie auf und bat sie, sich die Aufzeichnungen sämtlicher Supermarktkameras genau anzusehen. "We need the recordings of Mrs Richards and of everyone who went near the freezer."

---

such a commotion so ein Aufruhr
I lost track ich habe aus den Augen verloren

Hannahs Augen waren kaninchenrot, als hätte sie geweint oder nächtelang nicht geschlafen. "My poor eyes. Mary's **on vacation**, George and Edgar are **on sick leave**. **I'm doing double shifts** at the moment."
Ich legte die Isoliertasche auf den Schalter. "Miss Fenton, there's something I need to tell you."
Alle sahen mich groß an. "**I recognised** one of the mice. It's **the same** mouse that I caught yesterday."
Hannah lachte auf. "Did it have a name tag?"
"I'm sure. I've got an excellent **memory** for details. It's exactly the same mouse. I can **show** you."
Alle wichen zurück, als ich in die Tasche greifen wollte. Jessica hatte von den Mäusen inzwischen eindeutig genug. Sie zog mich weg. "Let's go and get something to drink."
Widerstrebend ließ ich mich von ihr wegführen. Da machte ich schon mal eine entscheidende Beobachtung und keiner interessierte sich dafür. Ich hatte nicht mal Gelegenheit gehabt, mein Verhalten vorhin im Supermarkt zu erklären. Jetzt dachten alle, ich

---

on vacation im Urlaub
on sick leave krankgeschrieben
I'm doing double shifts ich mache Doppelschichten
I recognised Ich habe erkannt
the same dieselbe
memory Gedächtnis
show zeigen

hätte einen Knall, weil ich der Ladendiebin eine gefrorene Maus vor die Nase gehalten hatte.
In Jessicas Versteck setzten wir uns nebeneinander auf das gelbe Sofa, tranken Limonade und aßen Chips.
"Yesterday, Perry sent Daniel to take the mice to *Pet Supplies*", sagte ich unvermittelt. "So how could one of them turn up again?"
"Maybe it escaped from the **cage**", meinte Jessica schulterzuckend. Sie machte sich nicht mal einen Eintrag in ihr Notizbuch.
Ich gab es auf, sie weiterhin für den Fall begeistern zu wollen.

Als ich mich am frühen Nachmittag auf den Heimweg machte, fing es an zu regnen, erst nur ganz zaghaft, dann in Strömen. Jetzt war ich froh, dass Sabrina mir die Regenjacke aufgedrängt hatte. Ich entknotete die Ärmel um meine Hüften und streifte die Jacke hastig über. Bald schüttete es so heftig, dass ich zu rennen anfing, obwohl sowieso schon alles zu spät war: Ich triefte wie ein voll aufgedrehter Duschkopf, als ich daheim ankam.
Sabrina half mir aus der Jacke. "Du warst heute aber lange weg. Diese Jessica scheint dir ja prima zu gefallen. Was macht ihr denn die ganze Zeit miteinander?"

---

cage Käfig

"Wir spielen Kaufhausdetektive", antwortete ich mürrisch.
Sie reichte mir ein Handtuch, damit ich mir den Kopf trocken rubbeln konnte. "Ich habe meinen ersten Patienten. Komm mal mit und sag Hallo."
Sabrina hatte sich ein Hinterzimmer als Praxis eingerichtet. Darin standen zwei gemütliche Sessel, ein Katzenkletterbaum, ein Hundekorb, ein kleiner Tisch und ein Regal voller Bücher über Tierhomöopathie und Psychokram. Ich war gespannt, wem ich Hallo sagen sollte. Die Patienten meiner Mutter interessieren mich immer sehr.
Als wir am Wohnzimmer vorbeigingen, sah ich, dass der Prof ebenfalls Besuch hatte: Mrs Olivander war zum Tee gekommen.
"Hello, Mrs Olivander", sagte ich wohlerzogen. Die englische Höflichkeit färbte ganz schön auf mich ab. Wenn wir wieder nach Deutschland zurückzogen, würde ich mir das schleunigst abgewöhnen müssen, um mich nicht zum Gespött meiner Klassenkameraden zu machen.
"Hello, Rick", flötete Mrs Olivander. "Your dad is just telling me about his **fascinating role** in *The Mystery of Valanna.* You must be so **proud** of him."
Der Prof hatte im Frühsommer als Statist bei Drehar-

fascinating role faszinierende Rolle
proud stolz

beiten mitgewirkt. Wenn er davon erzählte, bekam man allerdings den Eindruck, er hätte die Hauptrolle gespielt. "Yes, I'm extremely proud", sagte ich und zwinkerte dem Prof zu.
Dummerweise war ich dadurch so abgelenkt, dass mich mein logisches Denken im Stich ließ, sonst hätte ich nicht einen einzigen Fuß in Sabrinas Praxis gesetzt. Dort lümmelte sich nämlich in einem der Sessel die rotnasige, reimende Nervensäge Nathan. Klar, wo seine Mutter war, konnte er nicht weit sein. Das hätte ich Trottel mir doch denken können.
"Hi, Nathan", sagte ich ohne Begeisterung.
"Men, I'm Eminem", sagte er und zog eine Flunsch.

Heute hatte er wohl seinen Größenwahn-Tag. "Sure, and I'm David Beckham."
"**Dammit**, I'm **mad**!", meinte er daraufhin.
Da musste ich ihm ausnahmsweise mal recht geben. Ich nickte grinsend.
"Don't nod", beschwerte er sich.
Nun, er konnte so verrückt sein, wie er wollte, als Patient für Sabrina kam er wohl kaum in Frage. "My mum only **treats** pets", erklärte ich ihm.
Sabrina zupfte mich am Ärmel und flüsterte mir etwas zu, aber ich verstand sie nicht, weil Nathan rief:

---

dammit verdammt
mad verrückt
treats behandelt

"**Step on no pets!**"
"Der hat sie echt nicht mehr", sagte ich kopfschüttelnd zu Sabrina.
"Es ist sein Palindrom-Tag."
"Ist Palindrom die Steigerung von Psychopath?"
Sabrina grinste. "Quatsch. Ein Palindrom ist ein Satz, der rückwärts gelesen genauso lautet wie vorwärts. Beispielsweise: 'Ein Neger mit Gazelle zagt im Regen nie'."
"Aha. Und du meinst, du kannst ihn davon heilen?"
"Ne, der Patient hockt in dem Käfig da hinten. Aber du könntest mir einen großen Gefallen tun. Beschäftige Nathan eine Weile, damit ich mir sein Zwergkaninchen in aller Ruhe anschauen kann."
Na, das würde ein Spaß werden. "Womit soll ich ihn den beschäftigen? Ihm Buchstabensuppe kochen oder ihn das Alphabet rückwärts aufsagen lassen?"
"Egal. Nimm ihn einfach mit auf dein Zimmer."
Das wurde ja immer schlimmer. "Warum bleibt er nicht bei seiner Mutter?"
Sabrina zuckte die Schultern. "Ich schätze, die will auch mal ihre Ruhe vor ihm haben."
Na, wie fand ich denn das! Erst exzentrische Kids in die Welt setzen und dann überfordert sein. Ich versuchte vom Thema abzulenken. "Was hat sein Kaninchen denn für Probleme?"

Step on no pets! Tritt auf keine Haustiere!

"Poor Dan is in a droop", sagte Nathan.

"Der arme Dan lässt den Kopf hängen", übersetzte Sabrina, weil ich so verwirrt dreinschaute. Aber das hatte einen anderen Grund: Mit einem Mal tat mir Nathan leid. Ich bezweifelte, dass sein Kaninchen wirklich Dan hieß. Wahrscheinlich hieß es Fluffy, aber damit konnte man ja kein Palindrom bilden, weil das rückwärts gelesen Yffulf lautete und keinen Sinn machte. Es musste schlimm sein, wenn man sich ständig gezwungen fühlte, in Wortspielen zu reden. Ich überlegte gerade, ob ich ihn nicht wirklich auf mein Zimmer mitnehmen sollte und versuchen, ihm richtiges Sprechen beizubringen, da klingelte es an der Tür.

Ich ging öffnen und war reichlich baff, als ich die rothaarige Hannah mit einem schwarzen Schirm im strömenden Regen stehen sah. Es musste etwas sehr Wichtiges passiert sein, dass sie extra vorbeikam. Ob der Erpresser gefasst worden war?

Hausverbot

Hannah klappte den Schirm zu und sah an mir vorbei zu Sabrina, die hinter mir im Hausflur stand. "Mrs Wuddel?", fragte sie.
"Yes, that's me."
"Is this your son?" Hannah deutete mit spitzem Zeigefinger auf mich, als wäre ich ein besonders widerliches Insekt.
"Why?"
Hannah machte einen Schritt in den Flur. Weiter ließ Sabrina sie nicht. Hannah deutete auf ihr Namensschild: "My name's Hannah Clay. I'm a member of the Templars Square Security Team."
Ich hatte inzwischen ein ungutes Gefühl, weil Hannah mir dauernd strafende Blicke zuwarf, war mir aber keiner Schuld bewusst.
"I've come to **complain** about your son", sagte Hannah ohne Umschweife. "He scared one of the customers in *Iceland* Supermarket."
"I can explain why I showed Mrs Richards the mouse", fing ich an, aber Hannah unterbrach mich sofort.
"We know why you did it. You wanted to create a **diversion** because you were robbing a lady."

---

complain (sich) beschweren
diversion Ablenkung

Ich bekam Herzklopfen bis zum Hals. Was sollte das heißen, ich hätte etwas geklaut? Etwa die beiden Mäuse aus der Kühltruhe?

Sabrina verschränkte die Arme. "Tell me all about it", forderte sie Hannah auf.

Hannah erklärte meiner Mutter, dass sie heute die Aufzeichnungen der Kameras im Supermarkt angeschaut hätte. Dass es dabei um Mäuse in der Kühltheke ging, erwähnte sie natürlich nicht. "One of the cameras filmed your son taking a purse from a woman's handbag."

Meinte sie etwa die Dame mit dem Rosenparfüm, die an der Kasse herumgezetert hatte?

"How did you know where to find us? **Did you follow** Rick?", fragte Sabrina, die immer alles ganz genau wissen wollte. Sie würde eine prima Detektivin abgeben.

"No, but he's well-known to Security", erwiderte Hannah.

Meine Finger begannen zu zittern und mir wurde abwechselnd heiß und kalt. So wie Hannah das eben gesagt hatte, klang es, als hätte ich schon mal Ärger gehabt und wäre deswegen bei der Security bekannt wie ein bunter Hund. Ich beeilte mich zu erklären: "I didn't steal anything, **honestly**!"

---

did you follow sind Sie gefolgt
honestly ehrlich

Sabrinas Blick blieb stur auf Hannah gerichtet. “Did you bring the **tape**?”
“We don’t have tapes. We have digital recorders.”
“I don’t believe a word of this”, sagte Sabrina frei heraus.
Ich wollte schon erleichtert aufatmen, doch da drehte Hannah sich zur Garderobe um, wo meine Regenjacke vor sich hin tropfte. “I can **prove** it.” Sie griff in die Jackentasche und zog mit einem triumphierenden Lächeln eine rote Geldbörse heraus.
“Hey, someone must have put it in there”, rief ich. “**I swear** I didn’t …”
Sabrina hob eine Hand und ich verstummte sofort. “Ms Clay”, sagte sie zu Hannah. “I’m very, very shocked.”
Hannah nickte zufrieden.
“I’m shocked”, fuhr Sabrina fort, “because of your **ridiculous accusations**. I’m a **trained** psychologist and I can tell by looking at a person’s face **whether they’re lying**. Rick’s telling the **truth**. You’re lying. It’s as simple as that.”

---

tape Band
prove beweisen
I swear ich schwöre
ridiculous accusations lächerliche Anschuldigungen
trained ausgebildet
whether they’re lying ob sie lügen
truth Wahrheit

Ich war noch nie in meinem Leben so stolz auf meine Mutter gewesen. Sie verteidigte mich wie eine Löwin ihr Junges.
Nathan, der inzwischen hinter uns aufgetaucht war, sagte: "No, Mel, a sleepy baby **peels** a lemon", was zwar in diesem Zusammenhang keinen Sinn machte, aber Hannah zusätzlich verunsicherte.
Schließlich fing sie sich wieder. "We're not going to **file a complaint** against your son. But he's banned from Templars Square Shopping Centre. If he ever shows up again, we'll call the police." Sie machte auf dem Absatz kehrt, spannte mit einem energischen Ruck ihren Schirm auf und ging in den Regen hinaus.
Sabrina sah ihr kopfschüttelnd nach. Dann meinte sie: "Ich schätze, Rick, wir sollten uns mal in aller Ruhe über dein Kaufhausdetektivspiel unterhalten. Irgendwie scheinst du der Shoppingcenter-Security dabei bedenklich Konkurrenz zu machen, wenn sie zu solchen Mitteln greifen müssen, um dich loszuwerden."
Für meine Mutter war das Thema damit erledigt. Für mich noch lange nicht. Grübelnd ging ich auf mein Zimmer, legte mich mitten aufs gemachte Bett, verschränkte die Hände hinter dem Kopf und dachte alle Möglichkeiten systematisch durch.

---

peels schält
file a complaint Anzeige erstatten

Erstens: Jemand hatte mir die Geldbörse in die Tasche geschmuggelt und das so geschickt angestellt, dass es auf dem Überwachungsvideo aussah, als wäre ich derjenige, der klaute. Dafür kam Daniel Winslow in Frage. Er war die ganze Zeit in der Nähe gewesen. Als er mir seine Pranke auf die Schulter gelegt hatte, war ich so abgelenkt gewesen, dass er mir problemlos etwas in die Jacke schieben konnte. Allerdings hätte er sich dazu bücken müssen, denn ich trug die Jacke ja um die Hüfte gebunden.
Etwas seltsam erschien mir allerdings, dass Hannah wegen so einer Lappalie zu mir nach Hause kam. Sabrina hatte sicher recht, als sie sagte, Hannah würde lügen. Damit war ich bei zweitens: Hannah hatte auf dem Monitor überhaupt nichts gesehen, sondern sich das nur ausgedacht. Sie steckte mit demjenigen, der mir die Geldbörse in die Tasche geschmuggelt hatte, unter einer Decke. Dieser Jemand wollte, dass ich Hausverbot bekam. Das konnte doch nur bedeuten, dass ich ihm im Weg war. Also musste es der Erpresser sein, der die Mäuse aussetzte. In diesem Fall gab es eine tolle Möglichkeit, ihn zu überführen: Perry brauchte sich nur die Aufzeichnungen aus dem Supermarkt anzusehen. Wenn dort zu erkennen war, wer sich an meiner Jacke zu schaffen gemacht hatte, dann war das ein eindeutiger Beweis.
Ich war mir fast bombensicher: Es musste Daniel

gewesen sein. Und ich hatte auch eine Vermutung, warum ich ihm plötzlich zur Gefahr geworden war. Ich hatte die Maus wiedererkannt. Daniel war derjenige gewesen, der die Mäuse zu *Pet Supplies* bringen sollte. Vermutlich hatte er sie dort nie abgeliefert, sondern sie erneut ausgesetzt. Als ihm klar geworden war, dass ich dieser Erkenntnis gefährlich nahe war, hatte er mit Hannah vereinbart, mir unter dem Vorwand, eine Geldbörse geklaut zu haben, Hausverbot zu erteilen.

Doch etwas stimmte nicht ganz mit meiner Theorie: Die Börse war der Rosenduftdame im Supermarkt geklaut worden, bevor ich das mit den Mäusen erwähnt hatte.

Auf jeden Fall musste ich morgen dringend mit Perry und Jessica reden, denn hier war etwas oberfaul.

Alles weg!

Als ich am nächsten Morgen vor dem Shoppingcenter stand, wurde mir schlagartig bewusst, dass ich ein echtes Problem hatte. Wie kam ich unbemerkt rein? Sobald Hannah mich auf dem Monitor sah, würde sie jemanden schicken, um mich abzufangen, denn ich hatte ja Hausverbot. Ich hätte mich verkleiden sollen.
Ob Jessica irgendwann nachsehen kam, wo ich blieb? Ob sie womöglich auch Hausverbot bekam, wenn sie mit mir zusammen gesehen wurde? Ich wollte sie auf keinen Fall in Schwierigkeiten bringen.
Ratlos sah ich mich um. Da bemerkte ich eine Großfamilie, die sich auf den Eingang zu bewegte. Das war meine Chance. Ich mischte mich unter die Kinder und kam so unbemerkt zum Treffpunkt. Jetzt hatte ich das nächste Problem. *Domino's Pizza* war noch geschlossen und Jessica war weit und breit nicht zu sehen, denn ich war viel zu früh dran. Ich musste in Bewegung bleiben, denn wenn ich hier wartend herumstand, fiel ich zu sehr auf. Aber wenn ich herumlief, würde ich mich garantiert verirren, und dann würde Jessica mich nicht finden.
Ich starrte wie hypnotisiert in das Schaufenster des Ladens links von der Pizzeria, *Ultimate Golf*. So sahen die Überwachungskameras nur meinen Rücken. Mehrfach ertappte ich mich dabei, wie ich in meine Hosentaschen griff, um zu überprüfen, ob schon

wieder jemand etwas hineingeschmuggelt hatte. Die Haut zwischen meinen Schulterblättern kribbelte, denn ich rechnete jeden Augenblick damit, dass Daniel Winslow mich unvermittelt von hinten packte und wie einen gemeinen Dieb abführte. Als ich tatsächlich eine Berührung in meinem Nacken spürte, fuhr ich hastig herum und hob abwehrend die Hände. Doch es war nur Jessica.

"I **thought** you liked football, not golf", sagte sie und deutete mit dem Kinn auf das Schaufenster.

"I'm trying not to be seen by the cameras. I must talk to Perry. I've got **important news** for her. But I can't go to her office because I don't want Hannah to see me."

Jessica merkte sofort, wie ernst es mir war. Sie griff nach meiner Hand und führte mich zu ihrem Versteck.

"Are there any video cameras down here?", fragte ich, als wir im Untergeschoss angelangt waren.

"Of course", sagte Jessica. "But there are hundreds of cameras in the Centre and only six monitors to watch them. I'm sure my hiding place is safe."

Ich berichtete ihr von Hannahs Anschuldigung und meinen möglichen Erklärungen. Sie schüttelte die ganze Zeit schockiert den Kopf.

---

thought dachte
important news wichtige Neuigkeiten

"Did you notice anything when we were in the supermarket yesterday?", fragte ich sie schließlich.
"Of course not. If I'd seen someone **slip** a purse into your jacket I'd have told you **straight away**."
"Do you think it's Daniel Winslow? Why is he blackmailing the Centre? What's his motive?"
Jessica lachte. "**So many** questions." Sie holte ihr Notizbuch aus der Schatztruhe und nagte auf dem Kugelschreiber herum. "**Security guards** must be very **slim** and fit and **good-looking**. Daniel Winslow **has put on a lot of weight** recently. Maybe he's afraid of losing his job. He thinks if Perry is fired, he'll get her job. As Head of Security he doesn't have to **patrol** the Centre and can be as fat as he wants."
Das war natürlich ein ausgezeichnetes Motiv. Ein Grund mehr, mit Perry zu reden und sie in unsere neuesten Erkenntnisse einzuweihen.
"I'll ask Perry to meet us in Mr Jenkins' shop", beschloss Jessica.

---

slip (into) *hier:* (hinein) schmuggeln
straight away auf der Stelle
so many so viele
security guards Wachmänner
slim schlank
good-looking gut aussehend
has put on a lot of weight hat eine Menge zugenommen
patrol die Runde machen

Wir verließen das Versteck und machten uns auf den Weg zum Treppenhaus. Mit einem Mal hörten wir oben die Tür schlagen und kurz darauf schwere Schritte zu uns herunterkommen. Jessica zog mich in einen Seitengang. Wenige Sekunden später kam Daniel Winslow an uns vorbei. Zum Glück bemerkte er uns nicht. Er trug eine Art Kiste, aber wir konnten nicht genau erkennen, was es war. Aus unserem Versteck sahen wir nur die Umrisse.
"More mice for *Pet Supplies*", flüsterte Jessica.
"You haven't got your rhyming day, have you?", erkundigte ich mich besorgt.
"What do you mean?"
"Nathan, the boy who lives **next door** to me, has rhyming days and palindrome days **and so on**. 'More mice for *Pet Supplies*' reminded me of his first **visit**."
Jessica kicherte. "No way, it's not my rhyming day."
Albern war sie mir eindeutig lieber als exzentrisch.
Daniel hatte inzwischen angefangen zu singen. "We all live in a yellow **submarine**", schmetterte er. Er konnte also auch fröhlich sein, ein Wesenszug, den ich ihm gar nicht zugetraut hatte.
Wir warteten, bis sein Gegröle aus weiter Ferne zu

---

next door nebenan
and so on und so weiter
visit Besuch
submarine U-Boot

kommen schien, dann liefen wir die Treppe hoch. Angespannt wartete ich im Gemischtwarenladen, während Jessica Perry holte. Ich tat so, als würden mich die Lady-Di-Tassen unheimlich interessieren. Mr Jenkins beäugte mich schon reichlich misstrauisch, als Jessica endlich mit Perry im Schlepptau ankam. Wir verzogen uns in den hintersten Winkel des Ladens wie eine Bande Verschwörer.
"I've got a problem", kam ich gleich zur Sache und erzählte Perry, was gestern passiert war, und auch, welche Schlussfolgerungen ich daraus gezogen hatte.
Perry setzte ihre Brille ab und kaute auf dem Bügel herum. "I'd like to believe you, but Hannah Clay is a very **reliable** team member and **I can't imagine** that she's been lying. This must be a big **misunderstanding**. Every morning I read the **update** about people who've been banned from the Centre. There's no **entry** about you."
"There you are!", sagte Jessica. "Hannah **was making it up**."
"All right, kids." Perry sah auf ihre Armbanduhr. "Hannah isn't here yet. Her shift starts in two hours.

---

reliable zuverlässig
I can't imagine ich kann mir nicht vorstellen
misunderstanding Missverständnis
update aktualisierte Informationen
entry Eintrag
was making it up hat es erfunden

NEW: LADY-DI-TEAPOT
ASK FOR OUR
SPECIAL OFFER
PRIVATE
NOT ENTER.

So we can take a look at yesterday's recordings **together** to see who put the purse in your jacket. If we can catch the blackmailer that way, all the better."
Gemeinsam gingen wir zum Security-Schalter, wo Jake noch ganz allein saß. Er runzelte die Stirn, als er uns kommen sah. Der würde staunen, wenn dank meines Hinweises der Erpresser überführt werden konnte.
Perry setzte sich vor die Monitore und tippte wild auf einer Computertastatur herum. Wir standen hinter ihr. Auf den sechs Monitoren sah ich das Parkhaus, den Eingangsbereich, einen Blumenladen, einen Bankautomaten, die Dönerstube und den Supermarkt. Hin und wieder schaltete einer der Monitore auf eine andere Kamera. Plötzlich wurden alle Monitore schwarz.
"What's going on?" Hilfe suchend drehte sich Perry zu Jake um.
"What were you trying to do?", fragte er.
"I wanted to take a look at yesterday's recordings."
"I'm afraid they're gone."
"Gone?"
Jake zuckte die Schultern. "Yes, the police took them."
Perry sah Jake an, dann uns, dann wieder Jake. "Who called the police? And why did no one inform me?"

---

together zusammen

Jake spielte an seinem Ohrstecker. “Management decided to **hand over** the blackmail letter to the police.”
Perry seufzte. “**Finally**. That’s what I asked them to do **all along**.”
“They came here late last night and **confiscated** all our hard disks”, ergänzte Jake.
“So, everything is **taken care of**”, sagte Perry zufrieden. “Kids”, wandte sie sich an uns. “Thanks for your help, but the investigation is no longer in my hands.”

---

hand over übergeben
Finally! Endlich!
all along von Anfang an
confiscated haben beschlagnahmt
taken care of erledigt

Überraschende Wendung

Im Gegensatz zu Perry war ich alles andere als beruhigt darüber, dass die Polizei sich jetzt um die weiteren Ermittlungen kümmerte. Schließlich fehlte ihnen das wichtigste Indiz: meine Entdeckung, dass eine Maus zweimal aufgetaucht war. Womöglich war auch die andere tiefgekühlte Maus ein "Wiederholungstäter" gewesen.

Trotzdem blieb mir nichts anderes übrig, als heimzugehen, denn Perry wollte auf keinen Fall weiter mit Jessica und mir über die Sache diskutieren. Auch Jessica hatte keine Zeit, mit mir noch einmal alles durchzusprechen, denn sie musste ihrem Vater in der Pizzeria helfen. So kam ich ausnahmsweise pünktlich zum Mittagessen heim.

Sabrina hatte sich an einem englischen Rezept versucht: shepherd's pie. Misstrauisch durchstieß ich die Schicht aus Kartoffelpüree und gabelte etwas Hackfleisch mit Gemüse darunter hervor.

Der Prof mampfte hungrig drauflos. Er achtete nie darauf, was er aß, dazu war er in Gedanken immer viel zu abgelenkt und mit irgendwelchen Studien beschäftigt. Er zuckte nicht mit der Wimper, als Sabrina verkündete, dass sie sich während unseres Jahres in Oxford quer durch die englische Küche kochen würde. Ich kaute verkrampft und beschloss, Stammkunde bei *Domino's Pizza* zu werden.

Nach dem kulinarischen Schock folgte gleich der nächste: Sabrina bestand darauf, dass ich endlich meine Kisten ausräumte. Unschlüssig stand ich in meinem Zimmer, machte mal die eine, dann die andere Kiste auf, kramte ein wenig darin herum. Der Aufwand lohnte sich kaum, denn nächsten Sommer musste ich alles sowieso wieder einpacken. Schließlich rang ich mich dazu durch, wenigstens meinen Laptop auszupacken und auf den Schreibtisch zu stellen. Nach langem Wühlen fand ich das dazugehörige Netzgerät.

"Haben wir schon Internetzugang?", rief ich in die Küche hinunter.

"Noch ni-hicht", rief Sabrina zurück. Mist. Ich wollte Jens und Uwe endlich von meinen Abenteuern erzählen. Statt dessen tippte ich eine Liste aller Verdachtsmomente gegen Daniel Winslow.

Facts:

1st On Monday, Perry told Daniel to take a cage with four mice to *Pet Supplies*. **At least** one of these mice turned up again in the freezer in *Iceland* Supermarket. I recognised it. The only explanation for this is that Daniel kept the mice and **placed** two of them in the freezer.

---

at least wenigstens, mindestens
placed hat gelegt

2nd People working for Security have to be slim and fit. Daniel is getting fat. Conclusion: he **hopes** that he will become Head of Security when Perry loses her job. As Head of Security, he doesn't have to do patrol work and his looks and fitness **don't matter**.
3rd Daniel was in *Iceland* Supermarket when someone stole the purse of the lady with the rose perfume. He could have taken the purse and slipped it into my raincoat.
4th Daniel is unfriendly. He **makes fun of** Jessica's fear of mice and he likes to scare me.

<u>*Questions:*</u>
1st Jessica and I saw Daniel in the cellar, carrying a box. What was in the box?
2nd Why is Hannah Clay helping Daniel? Is she his **accomplice**?

Ich stellte den Drucker neben den Laptop, verkabelte ihn und druckte die Liste aus. Morgen würde ich sie Jessica zeigen. Hoffentlich sah sie dann ein, dass wir an dem Fall dranbleiben mussten.
Es klopfte an meiner Zimmertür. Sabrina steckte

---

hopes hofft
don't matter sind nicht wichtig
makes fun of macht sich lustig über
accomplice Komplize

den Kopf rein. “Ich gehe jetzt zu *Pet Supplies*, um meine Handzettel auszulegen. Magst du mitkommen?”

Mir war alles recht, um von meinen Kisten wegzukommen. Außerdem gab mir das die Gelegenheit, mich dort zu erkundigen, ob in den letzten Tagen Mäuse abgegeben worden waren. Es könnte auch interessant sein zu erfahren, ob jemand auffallend viele Mäuse gekauft hatte.

“Klar, super. Weißt du die Adresse?”

“Nein, aber Nathan kennt den Weg.”

Sofort sank meine Begeisterung ins Bodenlose. “Muss der unbedingt mitkommen?”

“Ich habe bei seinem Kaninchen ein akutes Einsamkeitssyndrom diagnostiziert, deswegen darf er sich jetzt noch ein Meerschweinchen aussuchen.”

Nathan wartete schon nebenan vor seiner Haustür. Er hielt einen kleinen Käfig hoch, in dem er wohl sein Meerschweinchen heimtransportieren wollte und rief: “Toy boat, toy boat, toy boat!”

“That’s not a toy boat, it’s a cage”, korrigierte ich.

Nathan zog eine Flunsch. Mrs Olivander, die hinter ihm stand, schüttelte den Kopf über mein Unverständnis. “It’s his tongue twister day, you know.”

“Was ist ein tongue twister?”, fragte ich Sabrina, als wir losgingen.

“Ein Zungenbrecher.”

Zungenbrecher? Na, da konnte ich doch locker mithalten. Niemand kennt so viele Zungenbrecher wie ich. Zum Aufwärmen sagte ich zehn mal hintereinander "Toy boat", ohne mich zu verplappern.

Nathan blieb stehen und sah mich mit großen Augen an, dann forderte er mich heraus: "**How can a clam cram in a clean cream can?**"

Das hatte ich mir so schnell nicht merken können, also konterte ich mit: "Im dichten Fichtendickicht nicken dicke Fichten tüchtig."

Nathan strahlte übers ganze Gesicht. Endlich, so erschien es mir, hatte er jemanden gefunden, mit dem er sich "richtig" unterhalten konnte.

Wir steigerten uns in eine regelrechte Zungenbrecherschlacht hinein. Als ich "Wer gegen Aluminium minimal immun ist, besitzt Aluminiumminimalimmunität" zum Besten gab, hüpfte Nathan begeistert auf und ab. Ich verbeugte mich grinsend und ließ mich zu einer Zugabe hinreißen: "Der Wachsmaskenmacher Max macht Wachsmasken aus Wachsmaskenwachs."

Nathan stellte sich auf die Zehenspitzen und flüsterte mir ehrfürchtig seinen wohl allerbesten Zungenbrecher ins Ohr: "If two **witches** would watch two watches, which witch would watch which watch?"

How can a clam cram in a clean cream can? Wie kann sich eine Venusmuschel in ein sauberes Sahnekännchen hineinzwängen?
witches Hexen

Ich zeigte ihm den hochgereckten Daumen.
Wir waren inzwischen bei *Pet Supplies* angekommen. Es gab hier vor allem Tierfutter, Kratzbäume und allerlei Spielzeug für Hunde und Katzen, aber auch eine Abteilung mit Häschen, Meerschweinchen, Hamstern und anderen Kleinnagern.
Sabrina ging sofort auf den erstbesten Verkäufer los und fragte, ob sie ihre Handzettel auslegen dürfte. Ich sah mir die Mäuse und Ratten an, während Nathan sich spontan für ein Meerschweinchen entschied. Jedenfalls schloss ich das aus dem begeisterten Tonfall, in dem er sagte: "**Six slimy snails sailed silently**", während er auf das braun-schwarze, verstrubbelte Tier zeigte.
Nachdem Sabrina ihre Handzettel ausgelegt hatte, ließ sie sich das Meerschweinchen zeigen, das Nathan ausgesucht hatte. Zufrieden stellte sie mit Kennerblick fest, dass es kontaktfreudig, aufgeschlossen und entgegenkommend war, außerdem kerngesund. Also wurde es in den Transportkäfig gesetzt und Nathan feierlich überreicht.
"Geh'n wir", sagte Sabrina.
"Ich bleibe noch hier und schaue mich ein wenig um", sagte ich beiläufig. Schließlich hatte ich meine geheime Mission noch nicht erfüllt.

Six slimy snails sailed silently. Sechs schleimige Schnecken segelten still.

"Aber allein findest du doch nicht zurück", gab Sabrina zu bedenken.
"Doch, Jessica hat mir einen Trick beigebracht, wie ich mich orientieren kann."
Da ich meine Liste an Fußballspielern schon für den Weg ins Shoppingcenter verbraucht hatte, hatte ich mir auf dem Herweg markante Wegpunkte mit passenden Zungenbrechern gemerkt. Eine große Ulme – "In Ulm, um Ulm, und um Ulm herum." Eine Postfiliale – "Der Cottbuser Postkutscher putzt den Cottbuser Postkutschkasten." Ein China-Restaurant – "Sechzig tschechische Chefchemiker scheuchen keusche chinesische Mönche in seichte Löschteiche." Und so weiter.
Das erklärte ich Sabrina aber lieber nicht, sonst dachte sie womöglich noch, ich wäre inzwischen genauso exzentrisch wie Nathan.
Sabrina meinte, notfalls könne ich ja daheim anrufen, und gab mir ihr Handy. Nathan verabschiedete sich von mir mit einem verschwörerischen Lächeln. "The thirty-three **thieves** thought that they **thrilled** the throne throughout Thursday."
"Und ob", sagte ich, weil mir die Zungenbrecher endgültig ausgegangen waren.
Als die beiden weg waren, sah ich mich nach jeman-

thieves Diebe
thrilled haben begeistert

dem um, der so kontaktfreudig, aufgeschlossen und entgegenkommend aussah wie Nathans neues Haustier, denn ich hatte viele Fragen und wollte nicht abgewimmelt werden.
Ein junger Mann mit spitzem Gesicht sah mich neugierig an. An ihm war wirklich alles spitz: die Nase, das Kinn, die Ohrläppchen, und sogar die Haare, die wie Dornen nach oben standen. Als er lächelte, zeigte er spitze Zähne. Er hatte wohl zu viel von der englischen Küche genossen, ging es mir durch den Kopf. Da stand er schon vor mir und fragte mit kieksiger Stimme: "Can I help you?"
"Yes, I've got some questions about mice. How many do you sell?"
"On some days we don't sell any, on other days we sell a lot", war seine Auskunft, die zwar freundlich, aber nutzlos war.
Ich näherte mich dem Thema von der anderen Seite. "Where do the mice come from?"
"They **grow** on trees", sagte er, ohne die Miene zu verziehen.
Oje, das musste der berühmte englische Humor sein.
"Do you buy them from a **breeder**?", fragte ich weiter. Das war meine nicht minder berühmte deutsche Sturheit.

---

grow wachsen
breeder Züchter

I BET YOU
NEED A PET!

"Of course."
"Do people bring you mice when they have too many babies?"
"Only if the mice have babies. They don't bring their own children."
Ich verspürte den unwiderstehlichen Drang, mich auf den Boden zu werfen und mit den Fäusten zu trommeln. Ich änderte meine Verhörtaktik und fragte geradeheraus: "Did someone bring you a cage with four mice on Monday morning?"
"Yes", sagte er.
Mir fiel die Kinnlade herunter. Erstens hatte ich nicht erwartet, eine so knappe Antwort zu bekommen, zweitens hatte ich fest mit einem Nein gerechnet. "Who brought them?"
"A man in a security uniform. I think he was from the Shopping Centre."
"Was he big and **sweaty**?"
"Yes."
Daniel Winslow, keine Frage. Er hatte die Mäuse also doch ganz brav abgegeben. Hatte ich mich womöglich total geirrt? Sah die tiefgefrorene Maus nur zufällig der anderen ähnlich? "Can you show me those mice, please?"
"No, I can't, because someone bought them on Monday evening."

---

sweaty verschwitzt

"Who?", fragte ich, nur der Vollständigkeit halber.
"A slim, attractive woman with short, blonde hair and glasses. That's all I remember about her."
Eine Weile starrte ich einfach nur verdattert vor mich hin. Dann bedankte ich mich, verließ den Laden und lehnte mich von außen gegen ein Schaufenster, weil meine Beine so zitterten. Ich kannte im Shoppingcenter nur eine Person, auf die diese Beschreibung passte: Perry Fenton.

Jetzt wird's rattig

Am liebsten hätte ich Jessica sofort von meinen Ermittlungen berichtet, aber dann erschienen mein Zimmer und die Kisten vor meinem geistigen Auge und ich entschloss mich, dem Chaos endlich ein Ende zu bereiten. Ich war sehr stolz auf mich und hätte mir fast selbst auf die Schultern geklopft, auch deswegen, weil ich mühelos in die Gaisford Road zurückfand.

Der Prof saß in der Küche, trank Tee und las eine deutsche Tageszeitung.

“Gibt es Neuigkeiten, die ich wissen müsste?”, fragte ich.

Der Prof brummte etwas Unverständliches. Ich bat ihn um den Sportteil und hoffte, etwas über Hansa Rostock zu erfahren. In ein paar Wochen startete die Bundesligasaison, und ich hatte keinen blassen Schimmer, mit welchen neuen Spielern sie antraten. In der Zeitung stand leider keine Silbe über meinen Lieblingsverein. Es wurde wirklich höchste Zeit, dass ich online gehen und mich mit meinen Freunden austauschen konnte.

“Das ist ja nett. Vater und Sohn sitzen gemütlich in der Küche und lesen Zeitung.” Sabrina schüttelte sacht den Kopf. “Muss ich mich denn um alles allein kümmern?”

“Nein”, sagte der Prof. “Das musst du natürlich

nicht." Er legte die Zeitung auf den Tisch und wirkte auf einmal sehr tatendurstig. Ich wirkte nicht nur so, sondern schritt nun tatsächlich zur Tat. Bis zum Abendbrot hatte ich sämtliche Kartons ausgepackt. Dabei fiel mir eine Erinnerung nach der anderen in die Hände. Fotos von Klassenfahrten, Familienausflügen, Kindergartenfesten, eine Blechdose, in der ich drei Milchzähne aufbewahrte, ein zerknautschter Teddy, ohne den ich bis zu meinem sechsten Lebensjahr nicht einschlafen konnte. Damit hätte ich locker eine Schatzkiste füllen können, genau wie Jessica.

Das Auspacken und das Erinnern hatten mich gleichermaßen geschafft. Gleich nach dem Essen reiste ich ins Sternenstaubland.

Am nächsten Tag schaffte ich rasch die leeren Kartons aus meinem Zimmer und machte mich auf den Weg zum Center. Ich fand Jessica in der Küche von *Domino's Pizza*. Mit flinken Fingern und einem superscharfen Messer schnitt sie Tomaten in dünne Scheiben.

"That knife is sharper than mouse teeth", frotzelte ich und wollte damit beweisen, dass mein Humor durchaus mit dem englischen mithalten konnte. Aber Jessica ging nicht darauf ein.

"Have the police caught the blackmailer **yet**?", fragte ich.

---

yet schon

Jessica schüttelte den Kopf. Mit einer Geschwindigkeit, die mich um ihre Fingerkuppen fürchten ließ, schnippelte sie wieder Tomaten.
Ich setzte mich auf einen Hocker. "I went to *Pet Supplies* yesterday and talked to a salesperson. Believe it or not: Daniel took the mice there on Monday. We have to **delete** him from our list of suspects."
"Seems so." Eine Tomate nach der anderen musste dran glauben.
"But someone else bought the mice the very same day", fuhr ich fort.
Jessica schob die Tomaten in eine große Schüssel und wusch sich die Hände. Dann wischte sie sich die Haare aus der Stirn. "Someone we know?"
"An attractive woman with short, blonde hair and glasses. That's a perfect description of Perry Fenton, if you ask me."
"But **it doesn't make any sense at all**", schnaubte Jessica. "I've known Perry for years. She's reliable, she's nice, and she's got no reason whatsoever to blackmail the Shopping Centre. Why should she risk losing her job?"
"Maybe that's exactly what she wanted. After receiving the blackmail letter, Management offered Perry a lot of money if she quit."

---

delete löschen, streichen
it doesn't make any sense at all es ergibt überhaupt keinen Sinn

"But she didn't accept the offer."
"She's probably trying **to raise the stakes**. She wants more money."
"That's **complete nonsense**!", schimpfte Jessica. Ich war froh, dass sie das Messer nicht mehr in der Hand hatte, sonst hätte sie sich womöglich wirklich verletzt. Wenn man wütend ist, kann man seine Bewegungen nicht mehr richtig steuern. Das hatte mir Sabrina erklärt, nachdem ich bei einem Spiel den Ball dem Schiedsrichter an den Kopf gekickt hatte anstatt zurück ins Feld. Damals war ich stinksauer gewesen, weil die Gegenmannschaft zu Unrecht einen Elfmeter bekommen hatte.

"No, it's not. At first, she **allowed** us to help her. She thought we're just kids. Then we started to investigate and she realised we're cleverer than she thought. So she told us to stop."
"That's because she thought it was getting too dangerous for us." Jessica fiel auf jedes meiner Argumente eine Verteidigung ein. Falls sie mal keine Lust hatte, Pizzabäckerin zu werden, sollte sie es als Anwältin versuchen. Bevor ich ihr das sagen konnte, ging sie schon zur Tür. "We have to talk to her."
"I don't think that's a good idea."
Jessica griff nach meiner Hand und zog mich vom

---

to raise the stakes den Einsatz zu erhöhen
complete nonsense absoluter Unsinn
allowed hat erlaubt

Hocker hoch. Mit Siebenmeilenschritten sauste sie durchs Center. Mich zog sie wie einen störrischen Esel hinterher. Wir waren beide außer Atem, als wir den Security-Schalter erreichten.
Jake, der die Monitore beobachtete, schenkte uns keine Beachtung. Hinter dem Schalter saß ein Mann mit schwarz-grauem Bürstenhaarschnitt. Er nickte uns knapp zu, schien mit den Gedanken aber ganz woanders zu sein.
"Hi, George", grüßte Jessica. Für die übliche Vorstellungszeremonie nahm sie sich diesmal keine Zeit. "We need to talk to Perry. It's **urgent**."
George zupfte fahrig an seinem Krawattenknoten, der etwas zu dick geraten war und knurrte: "She's got an appointment with Management."
Sie feilscht also gerade um die Höhe der Abfindung, schoss es mir durch den Kopf. Jessica sah mich streng von der Seite an, als könne sie meine Gedanken lesen.
"And where's Hannah?", fragte sie als Nächstes.
"On patrol. Her eyes **are sore**, that's why she can't work at the monitors today", erklärte Jake, ohne den Blick von den Monitoren abzuwenden.
Da uns das alles nicht weiterhalf, wagte ich zu fragen: "Is there any news about the mice?"

---

urgent dringend
are sore tun weh

George lockerte seinen Krawattenknoten und murmelte etwas von Ratten.
"Rats?" Es fehlte nicht viel und Jessica wäre auf die Theke gesprungen. "Where?" Ihre Stimme überschlug sich fast.
"Sssshh." George legte einen Zeigefinger auf die Lippen. Im Flüsterton fuhr er fort: "Two big, fat rats were seen **at the butcher's** this morning. If the news spreads, Pest Control is going to close the Centre."
Ich konnte George nur beipflichten. Bei Ratten hörte der Spaß auf. Sie vermehrten sich ebenso rasch wie Mäuse und waren superintelligent. Mit Fallen und Gift war ihnen nur schwer beizukommen, weil Ratten erst einmal einen Köder testen. Wenn es für die eine schlecht ausging, hielten die anderen sich fern. Ich wollte gerade zu einem kleinen Vortrag darüber ausholen, als ich einen Hauch Rosenparfüm wahrnahm. Die Dame, deren Geldbörse ich angeblich gestohlen hatte, trat an den Schalter. Sie hüllte mich in eine Wolke aus süßlichem Duft.
"I just received a call that my purse has been **found**", sagte sie.
Mein Herz schlug schneller, denn ich fürchtete, ich würde gleich als der vermeintliche Dieb vorgeführt werden.

---

at the butcher's beim Metzger
found gefunden

George holte das Protokoll des Vorfalls aus einem Ordner. Ich riskierte einen Blick und las, dass der Geldbeutel gestern Nachmittag um 15 Uhr 12 als Fundsache abgegeben worden war.
Ein Stein so groß wie ein Fußballtor fiel mir vom Herzen. In meinen Gehirn ratterte es. Hannah hatte mich gleich doppelt reingelegt. Die Geldbörse war nicht geklaut, sondern verloren worden. Und sie konnte unmöglich in meiner Regenjacke gewesen sein.
Da griff Jessicas warme, weiche Hand in meine und zog mich fort. Diesmal hetzten wir nicht. In ihrem Gesicht spiegelte sich meine Ratlosigkeit. Der Fall nahm immer verzwicktere Wendungen an. Wir stocherten sozusagen im Nebel, während sich der Täter anscheinend sehr sicher fühlte und von unseren Ermittlungen völlig unbeeindruckt blieb. Hätte er es sonst gewagt, nun auch Ratten auszusetzen? Es war ein Wettlauf gegen die Zeit, den wir nur gewinnen konnten, wenn wir mit kühlem Kopf noch einmal alle Einzelheiten des Falls durchgingen.
Jessica führte mich in ihr Geheimversteck.
"Something **doesn't fit**", sagte ich, während Jessica Popcorn in eine Schüssel leerte. "How could the purse be in two places at the same time?"
"What do you mean?"

---

doesn't fit passt nicht

Die Geldbörse war zu einer Zeit abgegeben worden, als ich bereits im strömenden Regen nach Hause lief. Also konnte sie nicht in meiner Regenjacke gewesen sein. Und somit hatte sie auch niemand hineingeschmuggelt. "The purse **was handed in** yesterday at about **quarter past three**."
"Quarter past three", überlegte Jessica. "At that time, Hannah was **on the front desk**. She should have called the owner of the purse right away."
"But the lady with the rose perfume said she just received the call." Ich warf Popcorn in die Luft und fing es mit dem Mund auf, um Jessica zu beeindrucken. "Obviously, Hannah **had the idea of pretending** I had stolen the purse. She looked up my address, which I **gave** Jake on Monday. When her shift ended, she took the purse and came to our house. When she put her hand in my jacket, she already had the purse in her hand, like a **magician**."
"But why did she do it?" Jessica versuchte den Popcorntrick. Bald war der ganze Boden mit Popcorn übersät.
"Maybe she's Perry's accomplice."

was handed in wurde abgegeben
quarter past three Viertel nach drei (15:15 Uhr)
on the front desk am Schalter
had the idea of pretending hatte die Idee, vorzugeben
gave habe gegeben
magician Zauberer

Jessica lachte auf. "**No way**. They're not even friends. And I'm **still convinced** that Perry's **innocent**, no matter what you say. When I saw Jake at the monitor just now, I suddenly remembered that my mum recently told me they're **engaged**."

"Engaged?", fragte ich.

"It means that Perry and Jake **are getting married**."

Oops. Eine Romanze am Arbeitsplatz. Viel gemerkt hatte man davon nicht, eigentlich gar nichts. Die beiden nahmen es wohl sehr genau mit der Diskretion.

Jessica wollte noch etwas hinzufügen, aber ein höchst bedrohliches Geräusch verschloss ihr die Lippen. Wir hielten beide den Atem an und starrten auf die Türklinke. Jemand steckte gerade einen Schlüssel von außen ins Schloss. Erschrocken sah ich mich nach einem Gegenstand um, mit dem ich Jessica und mich verteidigen konnte. Aber ich hätte höchstens mit Popcorn werfen können.

Diesmal war ich es, der nach Jessicas Hand griff, während draußen der Schlüssel umgedreht wurde.

No way! Niemals!
still convinced immer noch überzeugt
innocent unschuldig
engaged verlobt
are getting married heiraten

FCH

Gefangene der Angst

Jemand hatte das Versteck entdeckt. Und dieser Jemand würde gleich die Tür aufreißen. Ich hechtete zum Lichtschalter wie nach einem Flankenschuss, knipste das Licht aus und zog Jessica mit mir neben die Tür. Wenn die Tür aufging, würde derjenige, der draußen stand, nur einen dunklen, leeren Raum sehen.

Wir pressten uns an die Wand und hielten den Atem an. Zu unserer Überraschung hörten wir, wie sich die Schritte wieder entfernten. War der unbekannte Eindringling gestört worden? Hatte er es sich anders überlegt?

Ich machte das Licht wieder an und tauschte mit Jessica einen ratlosen Blick. "Who else has a key to this room?", fragte ich sie.

"Everybody who works for Security has keys for all doors in the Centre."

Vielleicht erhaschte ich ja noch einen Blick auf die Person. Ich wollte leise die Tür öffnen, nur einen Spalt, um nach draußen zu sehen, doch als ich die Klinke drückte, tat sich nichts.

"It's still locked", stellte ich verblüfft fest. Die Tür, die Jessica wie immer von innen abgeschlossen hatte, war nicht aufgeschlossen, sondern offenbar mit einer weiteren Umdrehung verschlossen worden.

Jessica zog ihren Schlüssel aus der Hosentasche und

versuchte, ihn ins Schloss zu schieben, doch er blieb auf halbem Weg stecken.
"What's the problem?", fragte ich und konnte mir die Antwort selbst geben. Der Unbekannte hatte seinen Schlüssel einfach von außen stecken lassen.
Jessica sah mich entsetzt an. "We're trapped."
Eingesperrt. Gefangen in unserem Geheimversteck, von dem niemand wusste. Wie sollte uns jemand hier finden? Das war ja ein schöner Schlamassel.
"Is there another way out?", fragte ich ohne große Hoffnung.
Jessica schüttelte den Kopf. Verzweifelt pfefferte sie ihren Schlüsselbund aufs Sofa. "It's my fault. I should have left the key in the lock, then **nobody** could have locked us in from the outside." Sie fing an zu zittern. "I can't stand being locked in."
Mit Selbstvorwürfen kamen wir auch nicht weiter. Ich begann, systematisch die Wand abzusuchen, bis mich der Kühlschrank bremste, dieses Monstrum, das bis zur Decke reichte und hinter dem die Maus sich versteckt hatte. Ich strengte meine Gehirnzellen an. Bestimmt war die Maus nicht durch die Tür hereinspaziert. Jessica hätte gemerkt, wenn ihr eine Maus zwischen den Füßen hindurchgehuscht wäre. Es musste irgendwo ein Loch in der Wand geben. Und ein Loch war immerhin schon mal ein Anfang, auch

---

nobody keiner

wenn wir nicht so klein wie Mäuse waren. Vielleicht konnten wir einen Zettel mit einem Hilferuf durchschieben.

"Do you know if there's a hole or **gap** behind the fridge?"

Jessica meinte mit unsicherer Stimme: "No. The fridge was already inside the room and nobody **seemed** to use it. I was **surprised** to find it was working."

"Let's take a look", schlug ich vor.

Der Kasten war verdammt schwer, aber mit vereinten Kräften schafften wir es, ihn ein Stück zur Seite zu rücken. Danach saß er wie fest gemauert und wollte sich keinen Millimeter mehr bewegen lassen. Ich starrte in das Dunkel hinter dem Kühlschrank, bis ich etwas erkennen konnte: Mein Gefühl hatte mich nicht im Stich gelassen. Im Mauerwerk klaffte ein Spalt, etwa einen Meter hoch und gerade breit genug, um sich durchzuzwängen und in den Nebenraum zu gelangen.

"There's a gap", sagte ich triumphierend. "It's small, but I think we can **squeeze through**."

"**You're kidding**", sagte Jessica.

---

gap Spalt
seemed schien
surprised überrascht
squeeze through uns durchquetschen
You're kidding! Das meinst du doch nicht im Ernst!

"Have you got a better idea?", fragte ich.
Ich fand die Vorstellung, wie ein Hotdog in der Wand eingezwängt zu sein, auch nicht gerade lustig.
"We have to try."
"Okay", flüsterte sie und schickte einen Seufzer zur Decke.
Ich atmete tief ein und aus und begann mit dem Einstieg. Erst streckte ich die Arme in den Spalt, dann folgten Kopf und Brust und schließlich der Bauch.
"Are you all right?", fragte Jessica mehrmals.
Auf der anderen Seite fanden meine Hände Halt auf dem Boden. Nun brauchte ich nur noch die Beine nachzuziehen und schon befand ich mich in einem anderen Raum. Ich lehnte mit angezogenen Beinen an der Wand, wischte mir Staub und Spinnweben aus Gesicht und Haaren und hörte wieder Jessicas: "Are you all right, Rick?"
"Yes, **I'm fine**." Ich richtete mich auf, tastete mich an der Wand entlang und fand eine Tür. Mit klopfendem Herzen drückte ich die Klinke. Die Tür schwang auf, fahles Neonlicht strömte in den kleinen Raum. Ich war frei. Ich stieß einen Freudenschrei aus. "I found an open door", rief ich. "Come along."
Jessica gab keine Antwort. Sie unternahm gar nicht erst den Versuch, sich durch die Lücke zu zwängen.
"What are you waiting for?"

I'm fine. Mir geht's gut.

"I can't", sagte Jessica.
"How can you know if you don't even try?"
"I really, really can't. It's because I'm … I'm…" Sie wurde immer leiser. "**I'm claustrophobic**", vollendete sie.
"I see", sagte ich, obwohl ich absolut nichts verstand.
Jessica klärte mich auf: "I panic in **tight spaces**. It's **worse** than my **fear** of mice."
So weit reichten meine psychologischen Kenntnisse, dass es keinen Sinn hatte, einen Menschen mit einer Phobie zu bedrängen. Wir mussten also eine andere Lösung finden. Sie war so einfach, dass ich nicht selbst draufkam.
Jessica half mir auf die Sprünge: "**Why don't you free me** from the outside? All you have to do is go round two corners in the **corridor**, and then you can unlock the door with the key that's still in the lock."
"Brilliant. I'm on my way."
Es klang wirklich kinderleicht, sogar für einen Orientierungsanalphabeten wie mich. Den Weg zum Gang fand ich auch mühelos. Ich lief geduckt an der

---

I'm claustrophobic. Ich habe Platzangst.
tight spaces enge Räume
worse schlimmer
fear Angst
why don't you free me wieso befreist du mich nicht
corridor Flur

Wand entlang. Nach wenigen Metern musste ich mich entscheiden, ob ich nach links oder rechts gehen sollte. Ich ging nach links und hatte bald das Gefühl, dass ich vom rechten Weg abgekommen war. Leider war es nicht nur eine Empfindung, sondern bittere Wirklichkeit. Ich wollte umkehren und noch einmal ganz von vorn starten, aber mittlerweile war ich um mehrere Ecken gebogen und fand nicht mehr zurück. Welche Richtung musste ich einschlagen, um den Abstellraum zu erreichen, aus dem ich gekommen war? Warum hatte ich nicht die Tüte Popcorn mitgenommen und damit eine Spur gelegt?
Jetzt war ich es, der in Panik geriet. “Jessica! Can you hear me?”
Ich lauschte, aber ich hörte keine Antwort. Schließlich versuchte ich, das Treppenhaus zu finden, um wieder einen Anhaltspunkt zu haben. Diesen Weg war ich an Jessicas Hand so oft gegangen, dass ich es bestimmt schaffen würde.
Doch es war wie verhext. So sehr ich mich auch anstrengte, ich fand nur immer wieder neue Gänge. Ob der Keller ein Labyrinth war, das mich gefangen hielt und nie wieder preisgeben würde?
Mir fiel das Musical ein, in das mich mal der Prof und Sabrina geschleppt hatten: *Das Phantom der Oper.* Ich würde das Phantom des Einkaufzentrums werden, gefangen in endlosen Gängen mit grauen Türen. Für den Rest meines Lebens müsste ich hier

herumirren, immer auf der Suche nach Jessica, die vergeblich darauf wartete, von mir befreit zu werden.
Bevor ich endgültig in Selbstmitleid versank, riss ich mich zusammen. Entschlossen ging ich von Tür zu Tür wie ein Staubsaugervertreter und schaute, ob irgendwo ein Schlüssel steckte.
Auf einmal spürte ich eine hammerharte Pranke auf meiner Schulter.

Ein huschender Schatten

Ich blieb stocksteif stehen. Nach dem Schreck kam die Erleichterung. Ich war nicht mehr allein im Keller! Ich hätte nie gedacht, dass ich mich einmal so darüber freuen würde, Daniel Winslow zu sehen. Ich entzog mich dem Druck der Hand und drehte mich um.

Daniel hatte einen braunen Karton unter den Arm geklemmt und stierte mich durchdringend an. "**What on earth** are you doing down here?"

Ich war mir nicht sicher, ob ich Daniel einweihen sollte. Auch wenn ich ihn inzwischen nicht mehr verdächtigte, der Erpresser zu sein, traute ich ihm nicht über den Weg. Aber mein Misstrauen schadete letztendlich Jessica. Gut möglich, dass der Unbekannte, der uns eingeschlossen hatte, irgendwann zurückkehrte und ihr etwas antat. Dazu kam ihre Klaustrophobie, die sicher von Minute zu Minute schlimmer wurde.

"I'm looking for Jessica", erklärte ich kleinlaut. "She's locked in a room."

Daniel runzelte die Stirn. Es half nichts, ich musste ihm die ganze Geschichte erzählen. Es schien ewig zu dauern, bis er endlich kapiert hatte, warum Jessica hier im Keller hinter einer der zahllosen Türen eingesperrt war.

---

what on earth was in aller Welt

Daniel schüttelte nur den Kopf. "Perry shouldn't have allowed you to investigate", meinte er streng. "It's too dangerous."
Auf seine Ermahnungen konnte ich dankend verzichten. "Can you help me find the right door?"
"No, but maybe Jake can."
Klar, die Monitore! Hier unten gab es ja auch Überwachungskameras. Anhand der Aufzeichnungen konnte man sehen, wo wir entlanggelaufen waren. "Great idea."
Daniel öffnete die Tür, vor der er mich erwischt hatte. Dahinter befanden sich Müllcontainer. Er stopfte Papier aus dem Karton in einen überquellenden Container. Auf dem Weg zum Treppenhaus sang er wieder "We all live in a yellow submarine." Ich ertrug es tapfer und blieb ihm dicht auf den Fersen. Auf gar keinen Fall wollte ich mich ein zweites Mal verlaufen.

Am Security-Schalter saß George jetzt ganz allein. Er fuhr sich nervös durch das stoppelige Haar, rutschte auf dem Stuhl hin und her, schlug ein Bein über das andere, richtete sich auf, lehnte sich wieder zurück, rieb sich die Hände. Er war ein Nervenbündel, dem eine Therapiesitzung bei Sabrina gutgetan hätte, auch wenn er kein Hund war.
"Jake was called to the Management meeting", empfing er uns mit einem vorwurfsvollen Unterton. "How am I supposed to watch the monitors and

deal with customers at the same time? And I need to go to the **loo**."
"I'll take care of everything", bot Daniel an. Er nahm Georges Platz ein und machte sich an der Computertastatur vor den Monitoren zu schaffen. Ich schaute ihm über die breiten Schultern. Endlich hatte er die Treppenhauskamera gefunden und ließ die Aufzeichnung laufen. "What time did you go into the basement?"
Wie lange hatten Jessica und ich geredet, bis wir eingeschlossen wurden? Und wie lang war ich danach im Keller herumgeirrt? Nur wenige Minuten oder eine Ewigkeit?
"Maybe an hour ago", schätzte ich.
Daniel stellte eine Zeit ein und drückte auf Schnellwiedergabe. Kurz darauf tauchten Jessica und ich auf einem der Monitore auf. Als wir aus dem Blickfeld der Kamera verschwanden, schaltete Daniel zur nächsten Aufzeichnung weiter. Ich prägte mir jeden Winkel ein, so gut es ging. Schließlich sah ich Jessica und mich um eine Ecke biegen. Von der nächsten Kamera waren wir nicht mehr erfasst worden.
"Your hiding place must be somewhere between cameras 131 and 132", sagte Daniel. "I can look at the plan of the building to see where that is." Er

---

loo Klo
deal with customers (mich) um Kunden kümmern

wollte den Monitor wieder auf Normalbetrieb schalten.

“Wait”, fuhr ich schnell dazwischen. “Could you please **fast-forward** the recording?” Sekunden später tauchte jemand auf dem Monitor auf. “Stop!”, rief ich.

Daniel hatte längst reagiert und die Aufzeichnung etwas zurücklaufen lassen. Eine Gestalt huschte den Gang entlang, so schnell, dass man sie wegen der fahlen Kellerbeleuchtung nur als grauen Schatten sah. Sie schien lange Haare zu haben, aber mehr war nicht zu erkennen, zumal man sie nur von hinten sah. Wenige Sekunden später erschien die Gestalt erneut. Diesmal ging sie langsam und ihr Gesicht war deutlich zu erkennen. Es war eine Frau, aber nicht die von mir verdächtigte Perry, sondern Hannah. Sie war es also gewesen, die Jessica und mich im Geheimversteck eingeschlossen hatte. Dass sie mit Perry gemeinsame Sache machte, hatte ich ja schon vermutet. Nun hatte ich den Beweis. Jessica würde staunen.

Daniel ließ die Aufzeichnung noch mal zurücklaufen. Es gab keinen Zweifel, es war Hannah, auch wenn sie eine Brille trug. Als ich Daniel danach fragte, meinte er: “Maybe she can’t wear her **contact lenses** today because her eyes are sore.”

---

fast-forward vorspulen
contact lenses Kontaktlinsen

Inzwischen hatte George seine Pause beendet und kehrte an seinen Arbeitsplatz zurück. Er wirkte nun viel entspannter als vorher und hatte eine Tüte mit Mini-Donuts mitgebracht. Daniel konnte nicht widerstehen und griff zu. Genüsslich löste er das Backpapier von dem Donut und verschlang ihn mit einem Bissen.

Ich lehnte höflich ab und bat Daniel, mich endlich zu Jessicas Versteck zu führen. Inzwischen war sie sicher völlig mit den Nerven fertig. Am besten nahmen wir gleich einen Arzt mit, wenn wir sie befreien gingen. Unser Fußballtrainer hatte darauf bestanden, dass wir alle einen Erste-Hilfe-Kurs machten. Ich stellte mir vor, wie ich Jessica, die vor Angst ohnmächtig geworden war, mit Mund-zu-Mund-Beatmung wieder zu sich brachte und wie sie mir dankbar um den Hals fiel. Andererseits konnte es natürlich auch sein, dass sie inzwischen eine Stinkwut auf mich hatte und mir nie wieder eine Pizza spendieren würde.

Daniel hatte es leider überhaupt nicht eilig. Er holte Pläne aus einem Aktenschrank und suchte ziemlich unsystematisch darin herum.

"What are you looking for?", fragte ich.

"The plan of the basement, so I can find the corridor where camera 131 is installed." Seine Finger hinterließen Flecken von Donutbackfett auf dem Papier.

"Isn't there a plan in the computer system?"

Daniel runzelte die Stirn. "Maybe, but I'm no expert." Er wandte sich an seinen Kollegen: "George, **do you happen to know** where camera 131 is installed?"
"Cameras 120 to 140 are in the basement", nuschelte George, der auf beiden Backen kaute.
Na toll, das half mir ja ungemein weiter.
Daniel klappte den Ordner zu und griff gemütlich nach dem nächsten. Ich wollte gerade einen lauten, langen Verzweiflungsschrei loslassen, als mich ein Donut am Kopf traf.

---

do you happen to know weißt du zufällig

Warum?

Aus meinem Schrei wurde ein Fluch und als ich mich umdrehte, ein Freudenjuchzer: Es war Jessica. Sie hielt den nächsten Donut bereits wurfbereit, doch dann steckte sie ihn mir statt dessen zwischen die erstaunt aufgerissenen Lippen.
"I'm so sorry, but I got lost again", sagte ich, nachdem ich abgebissen, gekaut, geschluckt und mir den Mund abgewischt hatte. "We were just looking for the plans to find your secret hiding place and free you", fügte ich schnell hinzu. Sie sollte bloß nicht denken, ich würde hier mit Daniel und George ein gemütliches Kaffeekränzchen abhalten, während sie im Keller eingeschlossen war. "How did you get out?"
"I heard the **footsteps** coming back again", erklärte Jessica. "First I thought it was you. I called your name, but there was no **reply**. When the key **turned** in the lock, I decided to escape through the small gap. It was **scary**, but **I managed** to squeeze through before the door opened. I ran back to the room through the corridor and **saw someone kneeling** next to the

---

footsteps Schritte
reply Antwort
turned (sich) drehte
scary beängstigend
I managed ich schaffte es
(I) saw someone kneeling (ich) sah, dass jemand kniete

fridge. I closed the door, locked it and left the key in the lock. I think **I captured** the blackmailer."
"Do you have any idea who it is?", fragte ich.
Sie zuckte die Schultern. "Certainly not Perry. The person was wearing a uniform."
"But I know who it is", trumpfte ich auf. "Daniel, please show her the recording."
Daniel sah von dem Bauplan auf, den er auf der Theke aufgeschlagen hatte. "The one with Hannah?"
Jetzt hatte er mir die Überraschung verdorben. "Hannah?", fragte Jessica verblüfft.
Ich nickte. "She tried to get me out of the way by telling my parents that I was banned from the Centre. But I came back and she had to **get rid of me** again. So she locked me in."
"But why in the world is she blackmailing the shopping centre?"
"Maybe Perry is paying her. Some people will do almost anything for a bit of money."
Jessica griff nach dem letzten Donut und tat so, als wollte sie ihn nach mir werfen. "Why do you still suspect Perry, **for heaven's sake**?"
"Because she's got short blonde hair. That's why", meinte ich trotzig. Jessica schob einfach alle Fakten weg und erklärte Perry zur Heiligen. Ein ziemlich

---

(I) captured (ich) habe gefangen genommen
get rid of me mich loswerden
for heaven's sake um Himmels willen

unprofessionelles Verhalten. Hatten wir nicht erst kürzlich darüber gesprochen, dass ein erfolgreicher Detektiv sich nicht von seinen Gefühlen leiten lassen durfte?

"Hannah's got blonde hair, too", sagte George leichthin, als ob es das Selbstverständlichste von der Welt wäre.

"There you are!", sagte Jessica.

So leicht ließ ich mich nicht aus dem Konzept bringen. "But she can't be the woman who bought the mice at *Pet Supplies*, because she'**s dyed** her hair red."

"She didn't dye it", warf George ein. "She's wearing a wig, because she's got very thin, short hair."

Ich war geplättet. Wenn Hannah ohne Perücke und mit Brille anstatt mit Kontaktlinsen herumlief, passte auf sie die gleiche Beschreibung wie auf Perry. Damit war Perry tatsächlich aus dem Schneider und ich schämte mich wegen meines falschen Verdachts. "So Hannah is the blackmailer and she did it all on her own. Why? Why does she want Perry to lose her job?"

Sabrina hatte mal eine Katze in Behandlung, die immer auf den Wickeltisch gepinkelt hat, nachdem die Familie ein Baby bekommen hatte. Sabrina sagte damals: "Bei den Tieren ist es nicht anders als bei den Menschen. Das häufigste Motiv für Fehlverhalten und Verbrechen ist Eifersucht."

(ha)s dyed hat gefärbt

Also fragte ich in die Runde: “Is she jealous?”
Daniel bekam plötzlich knallrote Ohren. Er vertiefte sich noch mehr in den Grundriss, obwohl wir den jetzt gar nicht mehr brauchten, schließlich kannte Jessica den Weg zu ihrem Versteck. “Mr Winslow, do you know something about Hannah?”
Er nickte verlegen. “**I had a crush on her** when she started working here. But she was going out with Jake, so I had no chance. You know what a good-looking guy he is.” Er sank förmlich in sich zusammen. “But Jake left Hannah for Perry. Hannah **never** got over it.”
Perry hatte Hannah den Freund ausgespannt. Das war ja ein astreines Motiv!
“I think it's time to go and free Hannah and hand her over to the police”, sagte Jessica. “To tell the truth, I don't like the idea of her being in my hiding place. Who knows what damage she'll do.”
“I'll call Management”, sagte George und griff zum Telefon. Er diskutierte eine Weile mit der Sekretärin, die sich anscheinend weigerte, die Sitzung zu unterbrechen. Schließlich sagte George in den Hörer: “Tell them Rick and Jessica have caught the blackmailer.” Grinsend legte er auf. “I bet they'll be here in record time.”

I had a crush on her ich war in sie verknallt
never nie

Master Cedrick

Am Samstag, zwei Tage nach Hannahs Festnahme, erwachte ich mit einem angenehmen Gefühl: Das kleine, vollgestellte Zimmer mit den schmierigen Fenstern erschien mir mit einem Mal kein bisschen mehr fremd. Ich war sicher, ich würde ein tolles Jahr in Oxford haben und wenn wir wieder nach Rostock zogen, hatte ich meinen Freunden eine Menge zu erzählen.

An der Wand neben meinem Bett hing eingerahmt der Leitartikel, der gestern in der *Oxford Mail*, der hiesigen Tageszeitung, erschienen war.

"Mouse **Alert** in Templars Square", lautete die Überschrift. Mit gelbem Marker hatte ich den wichtigsten Satz hervorgehoben: "Thanks to two **observant** kids, Jessica B. and Cedrick W., the blackmailer **was arrested** before she was able to release more mice and rats in Oxford's biggest shopping centre."

Hannah hatte in Jessicas Versteck tatsächlich ziemlich gewütet, so wie Jessica befürchtet hatte. Unter anderem hatte sie versucht, den Kühlschrank weiter von der Wand wegzuziehen, um durch den Spalt zu

---

alert Alarm
observant wachsam
was arrested wurde verhaftet

kriechen. Dabei hatte sie ihn umgeschmissen. Zum Glück war die Schatztruhe heil geblieben.
Das Management hatte sich nicht lumpen lassen und Jessica einen nagelneuen Kühlschrank spendiert und noch einige andere schöne Sachen für ihr Geheimversteck, das jetzt zwar nicht mehr geheim war, aber dafür umso gemütlicher. Besonders glücklich war ich, als Jessica mich umarmte und sagte: "Our room looks lovely, doesn't it."
"Our room" hatte sie gesagt! Ich hätte sie küssen können, wenn ich mich getraut hätte.
Ich streckte mich genüsslich. Jessica und Nathan wollten heute kommen. Wir hatten vor, einen langen Bummel durch die Innenstadt zu machen und Eis essen zu gehen. Ich war gespannt, was für einen Tag Nathan heute wohl hatte. Vielleicht sprach er alles rückwärts oder sagte immer das Gegenteil von dem, was er dachte. Eigentlich war er ja ganz witzig.
Ich hörte die Hausklingel. Ob das schon die beiden waren, so früh am Morgen? Oder war das etwa meine Belohnung? Das Management von Templars Square hatte mir nämlich eine Belohnung versprochen und ich hatte mir etwas ganz Besonderes gewünscht. Etwas, das man in Rostock bestimmt nicht bekam. Aber in England ist eben alles anders und halt auch exzentrisch. Da konnte man sich sogar für ein paar Tage einen Menschen leihen.

Schritte kamen die Treppe hoch. Es klopfte dreimal. “Come in”, sagte ich und starrte gebannt zur Tür, die sich langsam öffnete. Tatsächlich, es war die Belohnung!

Höflich verbeugte sich mein Leihbutler. “Good morning, Master Cedrick. I’m James. Is there anything I can do for you?”